首都经济贸易大学出版基金资助

雇主品牌建设与管理

GUZHU PINPAI JIANSHE YU GUANLI

朱勇国 ◎ 著

首都经济贸易大学出版社
Capital University of Economics and Business Press
· 北 京 ·

图书在版编目（CIP）数据

雇主品牌建设与管理/朱勇国著．—北京：首都经济贸易大学出版社，2018.8
ISBN 978－7－5638－2837－1

Ⅰ．①雇…　Ⅱ．①朱…　Ⅲ．①品牌—企业管理—研究　Ⅳ．①F273.2
中国版本图书馆 CIP 数据核字（2018）第 166476 号

雇主品牌建设与管理
朱勇国　著

责任编辑　刘　欢　彭　芳
封面设计　砚祥志远·激光照排　TEL：010-65976003
出版发行　首都经济贸易大学出版社
地　　址　北京市朝阳区红庙（邮编 100026）
电　　话　（010）65976483　65065761　65071505（传真）
网　　址　http：//www.sjmcb.com
E－mail　publish@cueb.edu.cn
经　　销　全国新华书店
照　　排　北京砚祥志远激光照排技术有限公司
印　　刷　人民日报印刷厂
开　　本　710 毫米×1000 毫米　1/16
字　　数　233 千字
印　　张　13.25
版　　次　2018 年 8 月第 1 版　2018 年 8 月第 1 次印刷
书　　号　ISBN 978－7－5638－2837－1/F·1569
定　　价　39.00 元

目　录

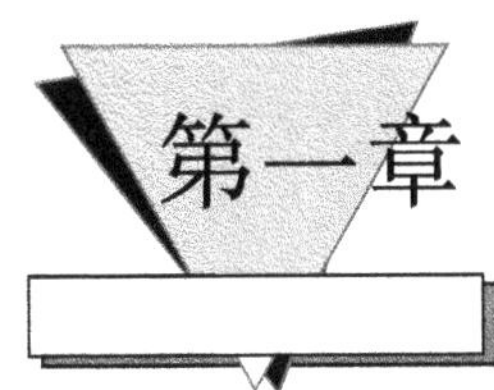

雇主品牌产生的背景

第一节　品牌的起源

一、品牌的力量

品牌（brand）的概念，诞生于古挪威文中的“布兰多”，意为“灼烧的烙印”，表示古代先民在家畜等所有物上打下的印记，以把私有财产和他人财产区分开来。到了中世纪的欧洲，由于手工艺匠人广泛使用这种打烙印的方法，品牌广泛流传和发展下来并衍生出了商标。18 世纪苏格兰的酿酒者在盛酒的木桶上使用了“Old Smuggler”的印记，以与劣质酒类区别开来，维护以特殊流程酿制的酒的声誉。到了现代美国时期，品牌被正式确立了学术地位。著名广告大师大卫·奥格威在 20 世纪中叶对品牌概念进行了界定，进一步提出了广告策略理论中重要的品牌形象理论流派。从此，品牌成为商业世界和学术领域的关注热点。一般来说，品牌可以是一种名称、术语、图案、符号，或者是它们的组合，用以识别某个特定的产品或服务，以与其他产品或服务区别开来。

品牌是识别产品的标识，也是产品质量和信誉的保证。它与我们的生活息息相关，许多日常生活物品一旦被打上了品牌的印记，不仅能满足人们的功能性需求，还能给人们带来独特的感受和体验。例如：穿上香奈儿定制时装的女性，会感觉自己变得时髦而优雅；戴上劳力士表的男性，则多了一份成功人士的气派；穿上耐克跑步鞋的青年，仿佛不自觉地会被广告语中“just do it”的激情与活力所感染。甚至有人做过一个有趣的实验，把在国外有着不错口碑的嘉士伯啤酒倒到普通啤酒瓶里，再把普通啤酒倒到嘉士伯啤酒瓶里，然后让人们品尝，结果令人哭笑不得，所有人都认为嘉士伯酒瓶里的普通啤酒更好喝。

从生活的方方面面之中，我们都能感受到品牌无形的力量。随着经济社会的不断发展，品牌的地位也越来越高，越来越多的企业将品牌纳入了

企业战略层面，将品牌看作企业重要的无形资产。品牌承载的含义也越来越丰富，在产品品牌之外，衍生出了雇主品牌、企业家品牌等概念，吸引着人们从理论和实践的角度进行深度解读。

二、雇主品牌的萌芽

事实上，在工作、生活和学习中，我们与品牌建立了情感联系，对品牌的依赖是个自然形成的过程。

雇主品牌（Employer Brand）的相关研究起源于美国《财富》杂志1984年举办的“美国最佳雇主”排名活动，这个活动拉开了雇主品牌相关研究的序幕。在系统提出“雇主品牌”概念前，理论界早已提出类似概念，如内部营销（Internal Marketing）、公司印象（Corporate Image）、公司声誉（Corporate Reputation）等。随着人们对营销学认识的深入，“品牌”概念被成功引入管理学。人们对营销学认识的扩展，使得营销不再仅局限于产品营销，关系营销也是其重要范畴。关系营销是具有多重业务的组织对顾客的吸引和维持，是对顾客关系的一种加强（Berry，1983）[①]。当然，关系营销也是一种向顾客传达企业长期价值的目标反映，而且是一种对成功实现顾客长期满意度的重要衡量（Kotler & Armstrong，1996）[②]。关系营销更加注重以人为导向，它标志着人们的关注点从短期经济交易向长期品牌建设的根本转变（Ambler，1995）[③]。当人和品牌成为企业的重要资源时，人力资源和品牌营销就不再是两门独立的学科。品牌本身具有通过满足顾客的目标进而实现企业目标的功能，雇主也可以通过把雇员当成顾客一样服务，并与之建立更亲密的关系，最终帮助“顾客”和企业实现绩效

---

① Berry L. Relationship Marketing in Emerging Perspectives on Services Marketing [R]. Chicago American Marketing Association, 1983: 25 - 28.

② Kotler P, Armstrong Y G. Principles of Marketing [M]. New Jersey: Prentice Hall International, 1996.

③ Ambler Tim. Brand Equity as a Relational Concept [J]. The Journal of Brand Management, Volume 2, Number 6.

目标。据此，英国资深管理学专家安博拉（Amber）和巴洛（Barrow）从品牌学和人力资源管理实践出发，在对英国 27 家高管访谈的基础上，于 1996 年首次提出了“雇主品牌”。从此，雇主品牌这一概念在理论界得到了广泛应用和研究。

第二节　员工需求的变化

一、认知员工需求

企业根据自己的标准对人才市场进行细分，吸引、雇佣相应的员工。但是，企业真的了解员工的需求吗？企业能够根据员工的需求塑造充满着个性化及魅力的雇佣价值定位吗？员工的真正需求又是什么？不能真正地了解员工需求，企业就无法拥有雇佣价值定位。

（一）满足员工需求是企业发展之源

员工是组织的核心资产。要引进并留住最能干的员工，企业领导需要了解员工的个人愿望和需求。工作满意度是除薪酬以外激励员工努力工作的最关键因素。另外，员工都希望获得成长与发展的机会，如被公司派去接受培训，或者获得一些非传统意义上的福利，如为员工提供幼儿保育服务和健康保障计划等。最重要的是，员工希望获得授权以自主决断一些事情，希望自己做出的贡献能够得到组织的肯定与认同。

通过有效的沟通，企业就能了解员工的需求；通过精挑细选，企业就有机会获得理想的人才。企业应让员工人尽其才，通过真诚的沟通去除他们的焦虑。在任何企业，员工都是最重要的因素，甚至可以说是最重要的资产。关注他们，授权给他们，企业将大有收获。而要实现有效的放权，企业就应该消除领导层与基层员工之间的层层壁垒。

如果领导者能学会辨识员工的知识、专长和能力，并使他们个个都有用武之地，那么员工的态度及行为都将发生积极的转变。给员工提供培训

和发展的机会，帮助他们理解自己的工作是如何与组织的愿景及使命联系起来的，就可以创造出一个具有较强凝聚力的员工团队。此外，要维持领导者和员工之间的有效平衡，战略沟通必不可少。

（二）关注员工需求

1. 工作保障。如果员工感觉自己所处的工作环境并不稳定，那么他的工作效率以及对组织的忠诚度都不会太高。当员工感到他们所处的环境充满变数时，他们可能耗费无数工时去揣测管理层会做哪些发展规划。为了换取就业保障，很多员工都接受或者可能会接受减薪。在评估自己提供的待遇是否具有竞争力时，企业需要认识到工作稳定对员工的价值，并将其作为全面薪酬体系的一个要素加以整合。比起初级员工，事业处于发展中期的员工更需要工作保障。当个人生活开始发生变化时，他们往往会在工作环境中寻求安全感。企业应能给员工提供一份事业而不仅仅是一份工作。

2. 给员工授权。授权给员工可以让员工感受到自我的价值，证明领导层重视他们的决策能力。授权的关键在于企业要消除领导层与员工之间的可见壁垒。例如，一些写字间将领导者和员工分隔开来，管理层西装革履，而员工身着商务便装。这就在无意间制造了工作环境里的压抑感。企业领导者必须真正做到平易近人，展现出他们对员工的信任。允许一线监管人员当场做决定，而不需通过层层管理架构提出请示，这是消弭领导层与员工之间壁垒的进一步举措。例如，当一线督导人员发现有员工为了帮助某个顾客而越权操作时，他应该有权允许这个员工提前一小时下班，以此作为奖励。这样做体现的是自然而真诚的赞赏。得到授权的员工觉得自己可以直接参与管理，从而帮助组织完成任务，因此也不需太多监管。这就意味着管理相同数目的员工所需的管理者更少，从而缩减了相应的管理开支。

如果员工只需最低程度的监管，组织的管理层就可以腾出时间来规划长期目标，关注产值增长。确保员工了解组织的愿景，明确员工在帮助实

现组织愿景中所发挥的作用，能够加强员工与组织之间的关系，相应地也会提高员工的忠诚度。

员工在看到他们的贡献和表现与组织目标紧密相连后，就会更加积极地工作，帮助组织实现目标。对企业来说，放权给员工看上去好像有风险，因为企业不太确定员工有了更多权力后会如何运用。企业管理者时常会产生疑问，员工是否真的会关心组织的最佳利益，是否能够相信他们会采取负责任的行动。

3. 沟通。尽管在各种情境下都能进行沟通，但最有效的沟通方式还是面对面。重要的是，一定要站起身来和员工或者同事进行交谈，这样才能被人接受。通过各种沟通方式来展现良好风度也很重要。在语音留言成为商业世界中重要沟通形式的时代，我们要记得一句老话，人们只有听出你声音中的笑意，才会报以同样的笑意。还有，企业领导者与员工进行沟通时，要确保能够清晰地传达信息。

另外，尽管现在缩略语已变得非常普遍，我们仍然需要确保沟通用语是以适当的措辞和语法出现的。如果用错地方，行话也一样会造成误解。针对特定人群选择适当的用语是很重要的。即便是与客户和同事进行最轻松的沟通，也要展现出专业精神和对细节的关注。

4. 薪资和培训。把员工薪资与企业业绩挂钩，即允许员工分享组织的盈利，将帮助他们认清自己的绩效表现与薪酬之间的关联。这将有效加深员工对客户服务重要性的认知，因为他们懂得，导致企业收入受损的行为也会造成他们个人收入上的损失。薪酬的构成要素有很多，如津贴，以及医疗和退休计划。企业也能通过给员工提供其他好处，如提供子女看护服务、灵活的工作时间以及其他福利计划等来获得巨大成功。

培训是对员工的一种额外投资，它将为企业带来相当的效益。重要的是确保员工所接受的培训与组织的使命密切相关，并且对实现组织目标有助益。如果员工所接受的培训在他返回企业后无处可用，那么它就是毫无益处的，反而浪费了生产时间。如果企业希望拥有一支能够自我管理、自主决策的员工队伍，除了要训练他们的技术技能之外，还要训练他们像领导者那样去思考。企业给员工机会磨炼技能，给他们机会做领导者，就能培养出更有能力的独立员工，进一步展现组织对员工事业发展的重视。

在多个领域交叉培训员工，能拓宽员工的视野，让他们知道自己正在做的工作对组织的其他领域会产生什么样的影响。没有得到培训机会的员工则可能士气低落，工作效率也会降低，不良情绪随之滋生，他们最终可能会离职。

很多技术领域要求员工具有资格证书。企业可以为考取某些证书的员工提供补助，甚至提供助学金以资助其达成学习目标。这些举措能够帮助企业培养出高技能的劳动力。这些人会给组织带回并实施创新观念。

今天，工作保障已经成为评估企业工作环境优劣的第一要素。从技术上来看，高技能的员工并不是所有组织都真正急需的，企业文化和团队凝聚力才是更受关注的要素。在招聘员工时精心挑选，既有助于企业找到适合组织文化的员工，又能够帮助企业找出那些具有职位所需技术能力的人。作为领导者和员工分享愿望与目标的表达形式，沟通一直都是整个分享过程中的基石。自我激励型的员工能够帮助管理层摆脱细节性的东西，转而关注更宏观的图景，从而显著提升组织的效能，促使其实现利润最大化。企业要明白，如果给那些满意且忠诚的员工授权，并告知他们相应的信息，他们就会更高效地工作，并为企业的最佳利益而奋斗。

二、解读员工需求变化

美国著名管理大师彼得·德鲁克说：“20 世纪对企业来讲，最宝贵的资本是企业的物质资本，即企业的生产设备、资金等。而到 21 世纪，企业最宝贵的资本将是人力资本，即拥有知识的员工。”知识经济时代的到来，使得人类的智力和知识成了时代的决定力量，更使得知识型员工成为企业应对竞争激烈和充满不确定性环境的关键因素。

知识型员工的定义最早由管理大师彼得·德鲁克于 1954 年在其著作

《明天的里程碑》中提出，他将知识型员工局限为某个经理或执行经理。但实际上，知识型员工还包括大多数白领，他们是职场中的主流群体。国内学者王兴成、卢继传和徐耀宗在其《知识经济》一书中也较早地提出了知识型员工的定义，具体指从事生产、创造、扩展和应用知识的活动，为企业（或组织）带来知识资本增值，并以此为职业的人员。知识型员工大多受过系统的专业教育，学历都比较高，具有相应的专业特长和较高的个人素质，追求自主性、个体化、多样化和创新性是他们的个性特质。

与非知识型员工相比，大多数知识型员工的需求发生了比较明显的变化，主要表现为以下几个方面：

第一，知识型员工在自我实现层次上的需求更强烈，更重视成就需求的满足。与传统的体力劳动者相比，知识型员工受过系统的高等教育，对于自己的工作能力和专业水平充满自信，他们很难满足于一般的事务性工作，而更热衷于具有挑战性、创造性的任务，并尽力追求完美的结果，渴望借此充分展现个人才智，得到组织的认可和信任，实现自我价值。同时，他们更渴望看到工作成果，并把成果当成工作能力和效率的证明，愿意发现问题和寻找解决问题的方法。相比于金钱等物质需求激励，成就需求的满足更能激发知识工作者的潜能。

第二，知识型员工对社会需求的要求更高。拥有良好的人际关系，能够融入企业和社会是知识型员工的社会需求，是知识型员工在企业长期贡献的条件。知识型员工占有特殊生产要素，即隐含于他们头脑中的知识，而且有能力接受新工作、新任务的挑战，因而对职业的选择权远远高于传统工人。因此，当同事关系、上下级关系等人际关系变得和谐、融洽，社交需求得到满足时，员工也就能被吸引和保留。

第三，知识型员工对工作环境和工作氛围要求更高。知识型员工具有很强的自主性，从事的工作对创造性要求很高。与流水线上的操作工人被动地适应设备运转相反，知识型员工更倾向于拥有一个自主的工作环境，不仅不愿意受制于物，而且更强调工作中的自我引导。

从传统的体力劳动者到知识型员工，员工的需求层次变得更高、更复杂。生理需求、安全需求等基础需求的满足对他们的激励作用有限，社交需求、尊重需求，以及更高层次的自我实现需求的满足才是他们真正的追求。员工需求的变化对企业的管理实践提出了挑战和创新要求。怎样吸引优秀人才，怎样保留知识型员工，怎样设计工作，怎样激励员工才能发挥员工的才智和潜能等问题，成为知识经济时代下企业和雇主应该思考的问题。

第三节　雇主思维的转变

企业管理最基础的工作是对人进行管理。正如弗朗西斯·赫瑞比所说的那样“只有人力资源的因素才能使其他因素贯穿起来”，企业如果没有卓越的人力资源管理功能，其他一切管理活动都将变成无源之水、无本之木。不同的经济时代，企业的管理思想和理念往往也不同，对“人”的看法也不尽相同。但是，那些能够顺应时代的发展、与时代相适应的理念，往往能促使雇主进行管理方法改革和创新，帮助企业在竞争激烈的角逐中生存下去。

一、员工是雇主的管理对象

18 世纪至 19 世纪，欧美国家纷纷进行产业革命，确立了资本主义制度，使生产力水平和生产方式产生了重大变革。在 19 世纪后半叶，福利人事产生并兴起。但是，这一阶段雇主最关心的问题是如何进行技术改进和提高生产率，劳动者被当成商品买卖。雇主对工人的管理主要以经验为主，实行的是以录用、安置、调动、退职和教育训练为中心的雇佣管理。在雇佣管理阶段，雇主只是把工人当成自己拥有的一种商品。

19 世纪末，人口和市场需求迅速膨胀，为达到生产发展要求和寻求更高的生产率，人们开始用机器取代人力，雇主对员工的管理也从“雇佣管

理”进入“人事管理”。关于员工的各种假设也逐渐兴起。泰勒的科学管理理论假定人是“经济人”，把人当作纯粹的生产工具。同时，赫兹伯格的“双因素理论”和马斯洛的“需求层次理论”相继出现。人们开始假定人是有各种需求的，是“社会人”和“自我实现的人”，并把人当作影响劳动生产率的重要因素之一。人事管理阶段，雇主追求的是效用最大化，员工更多的是机器的一种附属品。

20 世纪 60 年代左右，怀特·巴克的“人力资源理论”和迈勒斯的“人力资源模式理论”的出现标志着人事管理开始向人力资源管理转变，人开始转变为组织中的一种重要资源。管理学家进一步探索了人的本性，如麦格雷戈提出“X 理论—Y 理论”、美国行为科学家沙因提出“经济人假设、社会人假设、自我实现人假设、复杂人假设”，开始从组织角度和从长远观点考虑人力资源问题。进入人力资源管理阶段后，雇主开始把“人”当作组织的一种资源。

从雇佣管理到人事管理，再到人力资源管理早期阶段，员工经历了从劳动力商品到机器从属品，再到组织资源的变化。在这一过程中，雇主主要关注的问题是如何提高生产率，对员工的重视更多地体现在“工作”中，对于雇主来说，员工更多的是一种管理对象，雇主通过命令、控制来协调员工的观念和行为。

二、员工是雇主的服务对象

经济全球化步伐的加快使人才争夺大战愈演愈烈，而且随着知识经济时代的到来，高科技技术和信息通信技术高速发展，知识更迭速度变快，融资手段和方式变得更加多样化，使组织间的竞争进入智力资本竞争时代。创新是企业基业长青的关键所在。作为创新来源的人力资本，已经不仅仅是一种可变资本，更是一种潜在的资本。组织开始把人力资源作为一种战略资源，将人力资源管理提升到组织战略的高度。戴瓦纳、弗布鲁姆和蒂希（Devanna，Fombrum，Tichy，1981）在他们的著作《人力资源

管理:一种战略观》中，首次提出了“战略人力资源管理”的概念，随后理论界和实务界对此进行了深入的讨论，并将“以人为本”作为战略人力资源的指导思想，并且这一思想被欧美国家和日本企业的管理实践证明是获得长期可持续竞争优势的战略途径。很多雇主为了更好地开发和管理人才，积极创新人力资源管理价值观，优化管理机制，尝试通过授权、沟通、文化建设等协调员工的行为和观念，希望在满足员工个人发展需求的基础上实现组织目标。尤其是将服务领域的“内部营销”理论引入管理学领域后，极大地改变了雇主的管理理念和思维模式，使得员工从雇主的管理对象上升为雇主的服务对象。

内部营销（Internal Marketing）的概念最早由格朗鲁斯（Gronroos）于1981年提出，指的是根据员工的需要设计更好的工作产品（job products），以使员工感到满意和受到激励，从而更好地满足他们的顾客的过程①。拜里（Berry）和派瑞塞姆（Parasurama）提出，因为员工、部门团体可以被视作内部的顾客和内部服务的供应者，所以内部营销是在组织内部创造市场氛围以满足内部顾客需求的过程。内部营销把工作描述为产品，把员工描述为顾客，主张员工是服务组织最重要的市场，满足员工的需求，给予员工良好的体验，促进员工提高工作满意度，会促使员工自觉地发挥各项技能，服务好外部顾客，配合完成组织战略目标。

内部营销是一门用来管理企业的哲学，它使雇主的思维发生转变，从视员工为管理对象转变为视员工为服务对象。一旦雇主的思维发生改变，他就会采取更柔性化和人性化的方式对待员工，充分考虑员工的需求，增强组织承诺和组织支持，竭力取悦“顾客”，以吸引和保留优秀员工。这种“顾客导向”的管理思维在帮助员工实现目标的同时，也会帮助企业实现发展目标。

---

① 黄培伦，黄珣，陈健．企业内部质量、关系质量对内部顾客忠诚度的影响机制：基于内部营销视角的实证研究［J］．南开管理评论，2008，11（6）：10－17.

第四节 人才管理的挑战

激烈的全球竞争、技术的更迭变化、知识经济的增长、工作性质的灵活多变（Catteeuw et al.，2007；Wickham & O'Donohue，2009），导致企业对员工的需求发生转变①。与此同时，劳动力市场转变为人才“卖方”市场，人才拥有更多的选择空间（Srivastava & Bhatnagar，2008；Ewing et al.，2002）②。通用电气的首席执行官杰弗里·伊梅尔特认为，公司的人才管理系统是最强大的战略实施工具③。

一、人才管理时代悄然而至

（一）人才管理的兴起之路

在一个现代化、网络化，以知识为基础的商业环境中，无形资产（如技能、声誉和关系）能够产生最高的价值（King & Grace，2008）④。有效的资源配置可以理解为人才价值的充分释放，因其意味着让人才流向最好的发展平台，尤其是那些能够培养独特新技能和知识的工作机会⑤。

全球市场瞬息万变，市场竞争越来越激烈，企业需要以更灵活的方式在企业范围内配置人才。由于管理层必须快速制定并执行创造价值的措施，因此，人才对于企业绩效正变得越来越重要，而对人才的具体需求也变得越来越具体化和规范化。由此，针对“人才”这一群体的管理哲学、

---

① Aggerholm H K，Andersen S E，Thomsen C. Conceptualising Employer Branding in Sustainable Organisations［J］. Corporate Communications：An International Journal，2011，16（2）：105－123.

② Iglesias O，Singh J J，Mònica Casabayó，et al. Key Changes and Challenges for Brands in an Uncertain Environment［J］. Journal of Product & Brand Management，2011，20（6）：436－439.

③ 有效人才管理的六项原则［EB/OL］.［2015－08－01］. http：//www. njbctz. com/a/xm/2015/0801/1368. html.

④ Maxwell R，Knox S. Motivating Employees to “Live The Brand”：A Comparative Case Study of Employer Brand Attractiveness within the Firm［J］. Journal of Marketing Management，2009（25）：1－16.

⑤ 企业人才配置的学问［EB/OL］.［2009－03－24］. http：//www. chinavalue. net/Management/Article/2009－3－24/166441. html

理念、方法等系统化的管理方式逐渐受到雇主的青睐。

人才管理这一概念最早出现于20世纪90年代，当时大部分企业人才管理的意义在于招募、发展和保留人才，通过人才来驱动公司的业绩[①]。在国外，人才管理已经成为人力资源领域的热门词汇，一些专业机构，如英国人力资源协会（CIPD）和贝新联合公司等（Bersin & associates）已经发布了众多关于人才管理的调研报告。自2010年起，人才管理这一概念才在国内被广泛提起，金融危机使得中国企业开始思考如何建立并实施一套人才管理体系，从而在人才争夺战中脱颖而出。国内的一些优秀企业，如万科、联想等，已经开始进行相对成熟的人才管理实践，从某种程度上代表了国内人才管理的发展趋势。

（二）何为人才管理

1. 从管理流程和方法的角度来定义。一些专业研究机构在对全国各大企业开展深度访谈调研时发现，大多数人力资源管理者对于人才管理的理解，仅局限于字面的“聘、用、育、留”，不了解其内涵与业务范畴。科尼兹等（Knez et al.，2004）指出，人才管理是一个关于外部招聘、筛选和内部发展、保留的连续过程[②]。达塔古普塔（Duttagupta，2005）认为，人才管理是为了保证依据战略经营目标将合适的人、合适的工作、合适的时间连接起来的人才供应链。斯托克利（Stockley，2005）将人才管理理解为一个用来有意识地吸引、培养和保留具有能满足当前和未来组织需要的能力和素质的人员的方法，它包括在一个变化和复杂的商业环境下个人和组织的发展。北森与中国人民大学劳动人事学院在2010年也提出了人才管理的新定义：“通过有效的技术和管理手段去招募、识别、发展、管理和留任关键人才，从而帮助企业和个人最佳地发挥其长期优势，为组织提供持续的人才供应。”

综上所述，笔者认为，人才管理是针对一个特定的“人才”群体，其

---

① 王一茗．试论人才管理在企业管理中的重要作用［N］．经理日报，2011－08－25.

② Sullivan J. Eight Elements of a Successful Employer Brand［N］. ER Daily，2004－02－23.

聚焦于潜在员工和现有员工的才能，通过人才招聘、领导力培养、员工继任、评估管理等一系列的管理循环，使得人才在这一循环中不断发展与提升。

2. 从管理模型的角度进行诠释。国外一些研究机构与学者针对人才管理提出了不同的架构模型和观点。莫顿（Morton，2006）描述了人才管理活动的八个类别：招聘、发展、领导力培养、绩效管理、留任、反馈/测量、人力规划、文化。有学者认为，人才管理囊括了六大人力资源内容：招募、领导力发展、继任规划、绩效管理、培训和教育、留任（Fitzenz，2005）①。美国的人才管理研究机构贝新联合公司提供的人才管理研究模型将人才管理划分为人才战略与规划、吸引和招聘、绩效管理、学习和发展、员工继任、领导力开发、薪酬等七大模块②。

通过这些观点，我们可以看出人才管理的核心是招聘、发展、管理、留任关键人才，具体的业务包含员工招聘、入职安置、绩效管理、继任管理、职业规划、学习管理、领导力开发、技能与胜任力管理等诸多方面③。

二、新时代背景下人才管理的机遇与挑战

（一）人才管理的新机遇

智能手机的普及为人才管理带来了颠覆性的改变，推动人才管理走向移动平台，促使人才管理转向云端管理。以移动互联网技术和云平台为基础，人才管理在一定程度上可以实现业务的精细化管理。在移动互联网时代下，由于管理的不确定性增大，人才与企业的依存关系呈现出新特点。人才对企业的依赖性正在逐渐减弱，而企业对人才的依赖性却在加强。准确把握人才与企业的新关系，建立相应的人才管理体系，是企业完成人才

---

① Terjesen S，Vinnicombe S，Freeman C. Attracting Generation Y Graduates：Organizational Attributes，Likelihood to Apply and Sex Difference［J］. Career Development International，2007（12）：504－522.

② 什么是人才管理［EB/OL］. http：//wenku. baidu. com/link？url＝HiB－6N7wFIOQG0L.

③ 中国人才管理现状与展望［EB/OL］. http：//www. doc88. com/p－7718319422320. html.

战略定位，在市场竞争中处于优势地位的关键。人才与企业之间的关系逐渐从雇佣关系转变为联盟关系，以期实现企业的平台化，即企业从原来封闭的组织变成开放的生态圈，整合更广泛的资源来完成目标；员工的创客化，即让员工从原来被动的执行者变成主动的创业者①。

（二）人才管理的新挑战

人口状况、宏观经济和技术方面日益加剧的变化使得企业面临的人才管理压力加大，企业需要将人才管理视为一项业务重点，管理者须投入大量时间制定能吸引、激励和留住人才的战略。

1. 人才战争已打响。20 世纪中期世界顶级咨询公司麦肯锡率先提出了“人才战争”这个概念，并指出人才是组织中最重要的资产，这一观点在今天仍然适用②。事实证明，全球越来越多的企业已将人才的吸引和保留纳入组织的核心战略中。世界领先的人力资源机构万宝盛华（Manpower Group）在 2012 年发布的人才市场调研中指出，全球正逐步趋向人才紧缺危机。在世界范围内的抽样调查中，有 34% 的受访企业表示在人才招聘中面临着前所未有的挑战。企业如今面临的人口状况是：发达国家战后婴儿潮一代即将退休，西欧新就业的年轻人口稀少。同时，在许多新兴市场，对人才是否适用的疑问依然存在。人才争夺战从未停息，企业管理者须经常审视并思考企业吸引、激励和留住员工的方式③。虽然企业都在各自使用一套和自己的企业文化、战略目标相符的人力资源管理系统，但全球化让企业在人才管理方面变得越来越相似，人才战争已打响。

2. 新生代员工的新价值观。未来企业首席执行官的主要职责将从评估和管理货币资本转为评估和管理人力资本（Helen，2005）④。在人力资本

---

① 张德．人力资源开发与管理［M］．北京：清华大学出版社，2007.

② 王辉耀．全球的人才战争及其对中国的挑战［EB/OL］．［2014 - 02 - 19］．http：//www. ccg. org. cn/Research/View. aspx？Id = 22

③ 赢在人才战略［EB/OL］．http：//www. baidu. com/link？url = zqdPb7ICfdqu - RYJQjr

④ Knox S，Freeman C. Measuring and Managing Employer Brand Image in the Service Industry［J］. Journal of Marketing Management，2006（22）：695 - 716.

的组成中，新生代员工正在快速进入职场，他们的价值观、职业需求与传统员工存在着较大的差异，他们更加自我、个性化，更加关注职业认可以及独特的工作体验。纳迪拉（Nadira，2007）称新生代员工具有高潜力、高期望和高不稳定性的特征。我国经济学家周其仁认为“80后”、“90后”甚至“00后”不仅数量多，还代表着未来，是经济发展要高度关注的人口群体①。但是在劳动力市场上，他们的群体时代性、差异性对企业的管理理念、价值观和管理方式提出了挑战，为雇主的人才管理模式增加了压力。因此，在新形势与机遇下，如何管理新生代员工，控制人才流动成本和人事风险，如何实现企业独特的雇佣承诺，构建差异性的人力资本，是值得每一个雇主持续关注的重点。

3. 管理者的短期化思维。企业管理者遇到的人才问题及其挑战在很大程度上应归咎于他们自己②。对于短期业绩的偏重在很大程度上是由股东和投资分析师们所引起的，但管理人员往往以被动反应的方式对待人才，比如，只有当新产品销量猛增时才去招募更多的销售和营销人员。正如一位欧洲人力资源总监所言，“短期化思维”分散了管理者对于人才招募和职业发展等长期问题的注意力③。由于对人才这种无形资产的投资被视为费用而不是资本，管理人员可能会通过削减用于人员开发上的可支配支出来提高短期收益。但这一趋势可能陷入恶性循环：人才短缺阻碍企业发展，带来更大业绩压力，更大的业绩压力进一步促使企业高级管理人员将注意力放到短期业绩上。用于招募、培养、留住员工的人才管理系统和流程在任何成功的人才战略中都处于核心位置。与此同时，企业还须做出更多的努力，确保获得充足的人才供应，人口状况、全球化和知识型工作内容等特点构成了长期的挑战。

---

① 姚月娟．新生代员工的多元化激励［J］．生产力研究，2008（10）：144－145.

② 企业人才战略的精髓［EB/OL］．http：//wenku.baidu.com/link？url＝ecU1LD_iA2VleeWaRaLMdvBdsmCO4.

③ 人才是企业发展战略体系的决定性因素［EB/OL］．http：//www.hztbc.com/news/news_42052.html.

三、雇主品牌在人才管理中的应用

世界各地的企业面临的一个最大的挑战就是建立并保持强大的人才通道①。企业不仅需要适应人口迁移和劳动力的偏好，而且也须提升吸引和保留人才的能力。为了研究全球领先的跨国公司如何面对人才战争，来自欧洲工商管理学院、康奈尔大学、剑桥大学和蒂尔堡大学的国际研究团队对全球人才管理进行了多年的合作研究，考察了设立在 11 个国家的 33 个跨国企业，同时深入调查 18 家大型企业。研究发现，企业须招聘并选择人才，培训和开发人力资源，管理他们的绩效，对其进行补偿和奖励，并努力留住表现最好的员工。事实上，公司策略、文化以及外部环境都对人才管理有着深刻的影响。企业应该在让人才管理实践和公司策略、条件、领导哲学以及价值体系相一致的同时，寻找方法使自己区别于竞争对手，只有善于管理人才的企业才能获得竞争优势。

从安博拉和巴洛两位学者于 1996 年首次提出雇主品牌的概念至今，雇主品牌已发展为企业战略中不可或缺的一部分。可以说，雇主品牌犹如一颗稚嫩的种子，在万众瞩目下破土而出并且茁壮成长，为企业解决人才管理困境带来了意想不到的效果。雇主品牌的理念颠覆了之前的员工管理理念，它关注雇佣关系和员工体验，将员工作为企业经营管理工作的出发点，聚焦雇主与员工关系，主张对企业和职位进行营销，传播企业的雇佣主张，从雇佣关系角度对培训、薪酬和绩效进行管理，使企业在选拔人才方面获得竞争优势，从而在激励、发展和留住人才方面获得超额附加价值。

（一）雇主品牌在人才管理中的价值

面对中国经济发展和产业结构转型的压力，中国企业须意识到卓越的雇主品牌可以帮助企业在人才管理的选、用、育、留等方面发挥战略价

① 范珊珊．顶尖企业怎样管理人才［J］．现代国企研究，2012（7）．

值，而企业也必须依赖人才达成目标。所以，雇主品牌的作用在于帮助企业更好地解决人才与组织之间的关系问题，让人才在特定组织环境中更好地适配与发挥能力。简而言之，建设企业雇主品牌，就是通过人力资源战略融合品牌战略，为企业打造一套人才管理的整合流程（Universum，2013；Mrinal，2014），不断提升雇主吸引力，激发员工的情感认可和工作投入①。因此，雇主品牌的发展和实践可以说为世界企业的品牌管理打开了新格局，也为我国企业的人才管理提供了全新的可能性。

在战略日益同质化、执行力成为决胜关键的今天，雇主品牌有助于企业的核心人才对企业产生较高的黏性，同时也能吸引同行业优秀人才，帮助组织形成独特的竞争优势。对于产品品牌知名度不高、行业缺乏吸引力的企业来说，更是如此。普遍来说，拥有高知名度的雇主品牌，可以帮助企业提高组织美誉度，降低招聘成本甚至薪酬成本，同时也能够增强员工忠诚度，降低员工流失带来的成本，提高生产效率，此外，还能帮助企业找到符合企业价值观的人才，降低错误选择带来的成本②。

1. 降低企业的招聘成本。卓越的雇主品牌可以提高企业美誉度，降低招聘成本甚至薪酬成本。卓越的雇主品牌，可以大大吸引求职人才，促使其更加倾向于选择卓越雇主，尽管卓越雇主所付的薪酬水平并非很有竞争力③。

2. 推动企业提高生产效率。塑造雇主品牌可以增强员工忠诚度，降低员工流失成本，提高生产效率。相关研究发现，一位初中级员工流失的成本是其年薪的0.5～1.5倍，而中高级人才流失的成本为其年薪的2.5倍甚至更多④。员工的忠诚和献身精神往往伴随生产效率的提高，雇主品牌所

---

① Vaneet Kashyap，Santosh Rangnekar. the Moderating Role of Servant Leadership：Investigating the Relationships among Employer Brand Perception and Perceived Employee Retention ［J］. Review of HRM，2014，4（3）：105－118.

② 于春源．中小企业人才流失问题初探［J］．中国对外贸易，2011（12）．

③ 张少初．浅议企业竞争中的人才管理［J］．中小企业管理与科技（上旬刊）．2011（8）．

④ 潘迪娟．雇主品牌构建刍议：以W公司创建雇主品牌实践为例［J］．商情，2009（25）．

强调的价值观也会帮助员工找到忠于雇主的重大意义和持久效力的理由。

3. 帮助企业找到合适的人才。雇主品牌的有效传播可以帮助企业找到符合企业价值观的人才，降低错误选择带来的成本。雇主品牌帮助企业在人才市场上宣传企业的文化和价值观，提供遴选人才的标准，保证企业招募到符合组织价值观的有经验的人才①。

4. 增强企业的无形资产。雇主品牌是企业品牌的一部分，很多求职者往往也是雇主产品的消费者，雇主品牌效应在人力资源市场乃至产品市场上都是宝贵的无形资产②。

（二）雇主品牌在人才管理中的作用

1. 聚焦于潜在目标群体。在人才被雇佣前，企业塑造雇主品牌工作主要针对潜在员工。虽然这类群体中少部分可能从离职员工或者其他的渠道获得了企业的相关信息，但很可能还有大部分人并不熟悉甚至完全不了解企业，也就是说目标员工对企业雇主品牌的认识只停留在知晓、提及的程度上。相关调查显示，在潜在员工获取信息的各种渠道中，网络是使用最为广泛的工具，也是获取信息最为便利的工具。因此，企业应该结合各种相关渠道，充分发挥网络的作用，积极主动地去寻才，而不是消极地等待被选择。③

2. 专注于现有在职员工。当人才和企业达成雇佣关系后，企业的目标对象变为在职员工。人才加入企业的行为本身说明其对企业雇主品牌的认识已经从知晓、提及发展到偏好的程度，但在人才流动频繁的今天，任何因素的变动都可能导致员工离职。雇佣过程实际上就是企业对员工践行承诺的过程，员工通过正面体验企业的各项内容，诸如薪酬福利、企业文化、个人职业发展机会等，增进或者降低对企业的信任度，最后可能忠诚

① 李岷．人才管理“井喷”时代来临［N］．中国企业报，2010－08－17.

② 雇主品牌：企业人力战略的新王牌．［EB/OL］．http：//www. ceconlinebbs. com/FORUM_ POST_ 900001_ 900004_ 886558_ 0. HTM.

③ 基于人才关系管理的雇主品牌塑造研究［EB/OL］．http：//www. cnki. com. cn/Article/ CJFDTOTAL. htm.

于企业或者选择离开。通过加强企业和员工的沟通，使员工从雇主品牌偏好发展成雇主品牌信任，最终实现雇主品牌忠诚。

任何企业的员工都存在一定的合理流动，人才可能要求与企业解除雇佣关系。在传统企业人力资源管理工作中，办理离职手续的过程和细节常常被忽视。实际上，办理离职手续的过程对挽留人才和提升员工对企业雇主品牌的良性评价起着推动作用，而且也有助于企业发现人力资源管理过程中存在的问题，促使企业改进未来的雇主品牌管理工作。

（三）雇主品牌在人才管理中的对策建议

经济全球化及互联网的发展使全球人才争夺前所未有地激烈，同时也出现了全球性技术、业务骨干的短缺，吸引、留住优秀的雇员将成为企业人力资源管理的战略目标①。传统的以提高待遇为主的战略，对手易效仿，经营成本大幅攀升，难以适应全球化、网络化时代的要求，客观上决定了企业必须探索新的战略以适应新的时代。一些具有强烈吸引力的企业的经验表明：创立并保持雇主名牌形象，是在人力资源市场赢得持久性竞争优势的战略选择②。

1. 培植独特的感情文化。企业要创立雇主品牌，必须特别重视感情文化的作用，着力培植感情文化，以情动人、以情引人、以情留人。一是在企业内部营造家庭般的友善氛围。努力把企业办成“职工之家”，在上下级之间、平级之间营造一种互帮互助、和睦相处、互动沟通的气氛，让员工充分知晓企业的大政方针。二是尽力解除员工生活的后顾之忧，帮助员工实现工作和生活的平衡。三是实行工作保障制度。如实行不解雇政策，保证法定福利，对高级经理推行“金降落伞”政策等。③

2. 建立有效的沟通方式。企业要利用各种机会与员工进行有效的沟通。针对目前企业侧重单向沟通、话语沟通而忽略双向沟通、行为沟通的

① 贺益民．知识经济时代下我国的人才管理［D］．桂林：广西师范大学，2000.

② 贺爱忠．雇主品牌：新世纪企业人力资源管理的战略创新［J］．湖南社会科学，2002（5）.

③ 盛艳．中国企业雇主品牌建设研究［D］．大连：东北财经大学，2006.

现状，企业要赢得员工对雇主品牌创立的支持，就必须着力改善沟通。从沟通方向来看，要以双向沟通为主①。从沟通方式来看，要以行为沟通为主。企业及其领导者说的和做的应该一致，身教重于言教，只说不做，员工就不相信，话语沟通就不会有效果。行为沟通的核心是制订表彰与激励机制确认企业的价值标准。在进行有效的信息沟通时，要充分发挥中层管理的作用，要保持沟通信息的一致性和连贯性，要把管理层之间的沟通与一般员工沟通、网上沟通与网下沟通相结合。

3. 提供多样化的学习机会。知识经济时代对员工最大的激励就是企业为其提供足够的培训、学习与发展的机会。这就要求广大企业管理者在观念上不要把培训、学习当作一种花费，而应当作一种投资，行动上则应在员工培训、学习方面舍得投入资金。同时，要了解员工的意向、特长和兴趣，抱着对员工负责的态度帮助员工制订职业发展计划，让其明确自己的发展方向，保证每个员工都有可发展的台阶和空间，满足员工发展的需求，帮助员工成功。

4. 建设战略性的薪酬福利体系。薪酬福利体系是解释企业战略的工具，雇主品牌主张什么样的定位和目标，就应以相匹配的薪酬福利体系来保障战略价值的具体转化。对于任何一家企业而言，有竞争力的薪酬和福利都是吸引和保留人才的关键因素。战略性的薪酬福利政策是企业雇主品牌成功建立的基础，有竞争力的、公平的薪酬福利体系不但可以保障员工的工作生活，还可以发挥出激励作用，兑现企业对员工贡献的认可与承诺。在薪酬设计上，企业不仅要考虑对外的竞争性和对内的公平性，还要兼顾员工个体的差异性。在福利体系上，企业要综合考虑不同员工的差异化需求，设计丰富的自助式福利包，让员工参与福利计划的设定，增强员工主人翁意识。此外，员工救助计划（EAP）是现代企业设计员工福利体系的新热点，它可以给予员工自身、员工家庭更贴切的关怀，帮助员工实

① 付兵儿．雇主品牌探微［J］．江苏商论，2005（11）．

现工作与生活的平衡，为员工解决后顾之忧，在经济和情感两方面对员工进行利益捆绑[①]。

5. 搭建清晰的职业生涯发展平台。优秀的雇主品牌应该为企业人才搭建效能发挥的平台，帮助员工制定职业生涯规划，让员工在工作中实现自我价值和事业目标[②]。一个优秀的组织应该将人才视为推动企业发展的动力源泉，雇主需要探索不同代际员工的职业发展需求，为员工设计清晰的职级发展序列和职业发展通道。因此，雇主应该分阶段地关注员工的职业选择，积极激发员工的工作热情和职业追求，有效地协调员工与组织目标的一致性。同时，企业应当为员工提供足够的培训与开发的机会，通过一定的人力资本投资活动来强化员工的就业能力，使员工始终保持较强的市场竞争力。此外，企业还可以通过工作丰富化、轮岗、异地派遣、海外派遣等方式优化员工的工作内容，给予员工工作更多的完整性、自主性和重要性。

6. 创造和谐的工作环境。工作的吸引力、工作乐趣等因素成为吸引、留住优秀员工至关重要的因素[③]。目前，许多年轻人为了寻找乐趣而工作，期望工作充满吸引力和趣味性。因而，企业要极力在其日常工作中融入趣味性，努力探究员工的需求，了解员工的兴趣所在，进而因人、因时、因地制宜地予以满足，使员工以极大的热情和兴趣工作，使潜在员工主动投奔到本企业工作。

专业人才的竞争几近白热化，关注对各种层面员工的培养，倡导人性化管理，是企业与员工达到共赢的关键所在。企业的未来要依靠员工来打造，企业在发展过程中需要将重点放在对员工的人性关怀及为他们营造归

---

① 张洋．企业内部雇主品牌与外部雇主品牌的功能性结构的比较研究［D］．北京：首都经济贸易大学，2015.

② 战略解读企业雇主品牌建设［EB/OL］．［2014 － 03］．http：//www. pxmba. org/News/szmba2008. html.

③ 发挥员工的能动性：用“情”才有劲［EB/OL］．http：//wenku. baidu. com/link？url = AcpHdb8CiP.

属感等方面。此外，加快企业人才储备对于企业的发展有着深远的意义。

企业人才管理的工作可以以塑造雇主品牌为思考的出发点。雇主品牌是一种管理现有人才、潜在人才和利益相关者对某一特定企业的感知和认知的长期战略，这一长期战略应用广泛，既可用于企业招聘、甄选、培训等日常人才管理环节中①，也可用于继任计划、领导发展、保留关键员工的人才管理流程中。

第五节　领导力理论变革

一、愿景比管控更重要

在《基业长青》一书中，著名管理学家吉姆·柯林斯指出，那些真正能够留名千古的宏伟基业都有一个共同点：有令人振奋并可以帮助员工做重要决定的“愿景”。

愿景就是公司对自身长远发展和终极目标的规划和描述。缺乏理想与愿景指引的企业或团队会在风险和挑战面前畏缩不前，他们对自己所从事的事业不可能拥有坚定的、持久的信心，也不可能在复杂的情况下，从大局、长远出发，果断决策，从容应对。

一些人错误地认为，企业管理者的工作就是将百分之百的精力放在对企业组织结构、运营和人员的管理和控制上。这种依赖于自上而下的指挥、组织和监管的模式虽然可以在某些时候起到一定效果，但它会极大地限制员工和企业的创造力，并容易使企业丧失前进的目标，使员工对企业未来的认同感大大降低。相比之下，为企业制定一个明确的、振奋人心的、可实现的愿景，对于一家企业的长远发展来说更为重要。

处于成长和发展阶段的小企业可能会将更多精力放在求生存、抓运营

① Suman Chandra Das, Iraj Zillany Ahmed. The Perception of Employer Brand to Enhance Recruitment and Selection Processes［J］. European Journal of Business and Management., 2014 (6): 138 - 144.

等方面，但即便如此，管理者也不能轻视愿景对于凝聚人心和指引方向的重要性；对于已经发展、壮大的成功企业而言，是否拥有一个美好的愿景，就成了该企业能否从优秀迈向卓越的重中之重。

二、信念比指标更重要

每一个企业的领导者都应当把坚持正确的信念，恪守以诚信为本的价值观放在所有工作的第一位，不能只片面地追求某些数字上的指标或成绩，或一切决策都从短期利益出发，而放弃最基本的企业行为准则。相比之下，正确的信念可以带给企业可持续发展的机会；反之，如果把全部精力放在追求短期指标上，虽然有机会获得一时的成绩，却可能导致企业发展方向出现偏差，使企业很快丧失继续发展的动力。

成功的企业总是能坚持自己的核心价值观。例如谷歌（Google）公司的核心价值观之一是“永不满足，力求最佳”。谷歌创始人之一拉里·佩奇指出：“完美的搜索引擎需要做到确解用户之意，解决用户之需。”对于搜索技术，谷歌不断通过研究、开发和革新来实现长远的发展，并致力于成为这一技术领域的开拓者。尽管已是全球公认、业界领先的搜索技术公司，谷歌仍然矢志不移地坚持“永不满足”的信念，不断实现对自己的超越，奉献给用户越来越好的搜索产品。

三、人才比战略更重要

在21世纪，无论怎样渲染甚至夸大人才的重要性都不为过。21世纪是人才的世纪，21世纪的主流经济模式是人才密集型和智力密集型的经济。拥有杰出的人才可以改变一家企业、一种产品、一个市场甚至一个产业的面貌。例如，在谷歌，公司最顶尖的编程高手杰夫·迪恩（Jeff Dean）曾发明过一种先进的方法，该方法可以让一个程序员在几分钟内完成以前需要一个团队做几个月的项目。他还发明了一种神奇的计算机语言，可以让程序员同时在上万台机器上用最短的时间完成极为复杂的计算

任务。毫无疑问，这样的人才对公司来说有非常特殊的意义。

对于21世纪的企业管理者而言，人才甚至比企业战略本身更为重要。因为有了杰出的人才，企业才能在市场上有所作为，管理者才能真正拥有一个管理者应有的价值。没有人才的支持，无论怎样宏伟的蓝图，无论怎样引人注目的企业战略，都无法得以真正实施，无法取得最终的成功。

四、团队比个人更重要

在任何一家成功的企业中，团队利益总要高过个人。企业中的任何一级管理者都应当将全企业的利益放在第一位，部门利益其次，个人利益放在最后。这样的道理说起来非常明白，但放到实际工作中，就不那么好把握了。例如，许多部门管理者总是习惯性地把自己和自己的团队作为优先考虑的对象，而在不知不觉中忽视了企业的整体战略方向和整体利益。这种做法是非常错误的，因为如果企业无法在整体战略方向上取得成功，企业内部的任何一个部门、任何一个团队就无法获得真正的成功，而团队无法成功的话，团队中的任何个人也不可能取得哪怕是一丁点儿的成功。团队利益高于个人利益。作为管理者，还应该勇于做出一些有利于企业整体利益的抉择，就算这对自己的部门甚至对自己来说是一种损失。

此外，管理者应该主动扮演“团队合作协调者”的角色，不能只顾突出自己或某个人的才干，而忽视团队合作。最后，企业的中层管理者要善于把握自己的角色定位，让自己成为老板和员工之间沟通、协调的桥梁，而不要让自己与老板或员工对立起来。例如，有一些管理者很容易陷入对自身角色的误解，他们要么把自己和“雇主”等同起来，与“雇员”做利益上的对抗，要么把自己视作普通员工，与老板对立。这两种极端的做法都是不可取的。其实，中层管理者既代表公司利益，也代表员工利益，他们应该认识到自己处在中间角色的位置，不要和员工一起盲目、片面地指责企业，也不要成为高高在上的监管者，对员工指手画脚。

五、授权比命令更重要

21世纪的管理需要给员工更多的空间，只有这样才能更加充分地调动员工本人的积极性，最大限度释放他们的潜力。在21世纪，人人都拥有足够的信息，人人都拥有决策和选择的权利。将选择权、行动权、决策权部分甚至全部下放给员工，这样的管理方式将逐渐成为21世纪企业管理的主流。

在21世纪，放权的管理会越来越接近于员工的期望，它也是最为聪明的管理方式。因为当企业聚集了一批足够聪明的人才之后，如果只是把这些聪明人当作齿轮来使用，让他们事事听领导指挥，那只会造成如下几个问题：①员工的工作满足感降低；②员工认为自己不受重视，工作的乐趣和意义不明显；③员工很难在工作中不断成长；④员工个人的才智和潜能没有得到充分利用。

为了给员工更多的空间，也为了更好地发掘个人的潜力，许多成功的企业都推出了相应的举措。例如，谷歌公司允许工程师在20%的时间里从事自己喜欢的项目或技术工作，这一制度一经实施，就收到了意想不到的出色效果。因为有了20%可以自由支配的时间，许多拥有出色创意但没有时间付诸实施的工程师可以花费自己20%的时间，或者说服两三个同事一起在这20%的时间内完成某个出色创意的产品原型，然后发布给公司内部的同事使用。如果这个产品创意确实吸引人，它就有可能成为谷歌推向世界的下一个“震撼级”的产品或服务。事实上，像Gmail和Google News（谷歌新闻）等谷歌引以为豪的许多产品，都是最先由工程师在20%的时间内创造出来的。

因此，“授权”比“命令”更重要也更有效。但是，管理者该如何做好授权呢？这其中最重要的就是权力和责任的统一。这就是说，在向员工授权时，既定义好相关工作的权限范围，给予员工足够的信息和支持，也定义好它的责任范围，让被授权的员工在拥有权限的同时，可以独立负责

和彼此负责，这样才不会出现管理上的混乱。

六、平等比权威更重要

在企业管理的过程中，尽管分工不同，但管理者和员工应该处于平等的地位，只有这样才能营造出积极向上、同心协力的工作氛围。

平等的第一个要求是重视和鼓励员工的参与，与员工共同制定团队的工作目标。这里所说的共同制定目标是指在制定目标的过程中让员工尽量多地参与进来，允许他们提出不同的意见和建议，但最终仍然由管理者做出选择和决定。这种鼓励员工参与的做法可以让员工对企业的事务更加支持和投入，对管理者也更加信任。虽然不代表每一位员工的意见都会被采纳，但只要他们参与到决策过程中，只要他们的想法被聆听和讨论，那么，即使意见最终没有被采纳，他们也会有强烈的参与感和认同感，会因为被尊重而拥有更多的责任心。

七、均衡比魄力更重要

很多人错误地认为，做领导就必须高调、有魄力，像一个精力充沛、一呼百应的将军一样。其实，这样的领导也许很适合于一个 19 世纪的工厂，但在 21 世纪他不是一个好领导。

在吉姆·柯林斯所著的另一本书《从优秀到卓越》中，作者通过大量的案例调查和统计，讨论并分析了一家企业或一位企业领导者是如何从优秀（Good）上升到卓越（Great）的层次的。该书的重要结论之一就是：最好的领导不是那种最有魄力的领导，而是那种具备很高的情商，能够在不同的个性层面达到理想的均衡状态的“多元化”管理者。

柯林斯指出，优秀的公司和优秀的领导者很多，许多公司都可以在各自的行业里取得不俗的业绩。但如果以卓越的标准来衡量公司和个人的成绩，那么，能够保持持续健康增长的企业和能够不断取得事业成功的领导者都非常少。一位企业领导者在成功的基础上，要想进一步提高自己，使

自己的企业保持持续增长，使自己的个人能力从优秀向卓越迈进，就必须努力培养自己在“谦虚”“执着”“勇气”这三个方面的品质。

此外，均衡的多元化的管理者尤为重视对自己的情商的培养。在领导力方面，情商远远比智商更重要。许多人可能认为领导力最重要的是战略、运营、技术等，其实，这些“硬技能”固然重要，但以情商为核心的“软技能”却更加重要。在这里，我们可以把以“情商”为中心的“软技能”定义为一种艺术，它包括了与人相处、团队合作、以诚待人、以身作则、同理心等至关重要的组成元素。

八、真诚比体面更重要

真诚是所有卓越的管理者共同的品质。管理者应当学会以诚待人，尊重员工，让员工知道你理解并且感谢他们的工作。一些管理者为了“面子”，处处维护自己所谓的“权威”，不愿将自己真实的一面暴露给员工。殊不知，这种遮遮掩掩的管理者是很难得到员工的真正信任和支持的。

真诚意味着管理者善于使用同理心，从他人的角度出发考虑问题。例如，管理者应该多给员工回馈，在人前多感谢，把建议甚至批评放在私底下，并多和员工沟通，不要当众伤了员工的自尊。

对管理者来说，体现同理心最重要的一点就是体谅和重视员工的想法，要让员工觉得你是一个非常在乎他们的领导。做得好的管理者在工作中不会盲目地褒奖下属，不会动不动就给员工一些“非常好”“不错”“棒极了”等泛泛的评价，但是会在员工确实做出了成绩的时候及时并具体地指出他对企业的贡献，并将他的业绩公布出来让大家学习。这种激励员工的方式能够真正赢得员工的信任和支持，能够对企业的凝聚力产生巨大的影响。

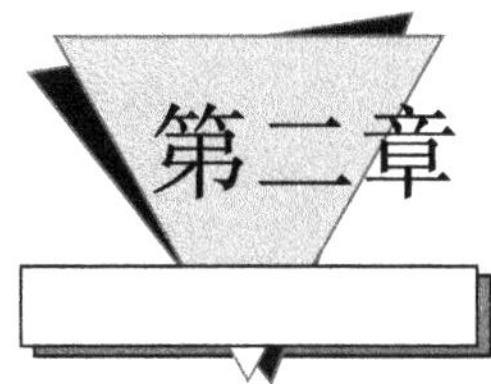

雇主品牌的内涵

第一节　什么是雇主品牌

一、雇主品牌概念起源

最先将市场营销学中“产品品牌”概念引入人力资源管理领域，从而提出雇主品牌这一综合概念的是英国资深管理专家赛蒙·巴洛（Simon Barrow）与伦敦商学院教授提姆·安博拉（Tim Ambler），他们在其《雇主品牌》（1996）一文中指出：雇主品牌体现为由雇佣行为提供并与雇主联系在一起的功能、经济和心理的利益组合。他们启发企业通过运用市场学的方法，找到在人力资源市场上的定位，在目标群体中建立独特的雇主形象，从而更好地吸引、激励和挽留最优人才，保持自身竞争优势。雇主品牌概念的提出有着丰富的学科基础，是品牌学和人力资源管理等学科不断发展更新下的结果。

在巴洛和安博拉提出雇主品牌的概念之前，其实已经有学者和机构关注到了企业作为雇主在人力资源市场上的形象，与雇主品牌有关的研究最早始于美国《财富》杂志从 1984 年开始举办的“美国最佳雇主”排名活动。当时为了应对日益激烈的人才市场竞争，吸引优秀员工，举办最佳雇主评选活动，但那时候还没有人对雇主品牌概念做出清晰的界定。

按照美国市场营销协会定义委员会（1960）的定义，品牌是用以识别一个或一群产品或劳务的名称、术语、象征、记号或设计及其组合，美国营销学家菲利普·科特勒（1997）认为，品牌就是一个名字、称谓、符号或设计，或是上述的总和，其目的是使自己的产品或服务有别于其他竞争者。

从学者们早期对品牌的概念界定可以看出，它最早只是用来识别企业的产品和服务，并没有涉及企业在市场上的其他角色。然而，随着现代管

理学的发展，企业经营管理活动更加复杂化。尤其是在人才竞争愈演愈烈的趋势下，企业面临着产品竞争和人才竞争的双重考验，必须开始关注其作为雇主在人力资源市场上的形象，品牌概念的内涵和外延也得以不断延伸，雇主品牌的概念由此产生。

二、雇主品牌概念演变

根据各时期雇主品牌概念的特点，可将雇主品牌概念的发展演变分成以下三个阶段。

（一）产生阶段（1996—2000 年）

巴洛和安博拉最先将品牌学与人力资源管理理论相结合，提出“雇主品牌”这一跨学科的综合概念。他们主要是通过访谈资料定性研究，进行概念上的探索，有待进一步的深化和定量研究的支撑。这一概念的提出给研究企业吸引力的学者们提供了新的思路，吸引更多学者、机构来探索雇主品牌的内涵。

巴洛和安博拉（1996）提出了雇主品牌的概念，他们对英国 27 个公司的高管进行了人力资源管理实践方面的访谈，从营销学的角度出发，认为雇主品牌体现为由雇佣行为提供并与雇主联系在一起的功能（functional）、经济（economic）和心理（psychological）的利益组合。他们将营销学中关系营销（Relationship Marketing）的概念引入人力资源管理实践中。关系营销，是把营销活动看成一个企业与消费者、供应商、分销商、竞争者、政府机构及其他公众发生互动作用的过程，其核心是建立和发展与这些公众的良好关系。他们将关系营销延伸到雇主与雇员的关系上来，将“品牌”这一概念与雇主相结合，将雇主提供给雇员的利益组合类比为产品品牌提供给消费者的利益组合。其中，功能利益指雇主向雇员提供的有利于职业发展或其他活动的机会，经济利益指雇主向雇员提供的薪酬或其他物质奖励，而心理利益则指雇员对于工作中产生的目标、方向和归属感的整体感受。与产品品牌类似，雇主品牌也有它的独特“个性”，

以区别于其他雇主①。此外，雇主与雇员之间的良好关系还能为企业带来效益，是一种无形资产，其大小可以通过雇主品牌质量来衡量。

早期的学者从营销学角度定义雇主品牌，就是为了把企业“推销”出去。在经济全球化的大背景下，现代人力资源管理已经进入了人才战争阶段，人才成为企业不可缺少的重要资产，成为不同企业间竞争乃至不同国家间竞争的制胜法宝。人才竞争成为与产品、服务竞争同等重要的事。所以，雇主不能坐以待毙，等待人才上门，而要主动出击，建立有吸引力和差异化的雇主形象来吸引、抢夺并留住人才。

（二）发展阶段（2001—2006年）

这一阶段，学者和研究机构对雇主品牌进行了多角度的解析。雇主品牌的相关研究越来越多，对它的概念界定也越来越丰富。在研究方法上定量研究和定性研究相结合，出现了很多评价雇主品牌维度的量表。定义的角度也从强调营销学背景到强调人力资源管理。虽然学术界一直对雇主品牌没有一个统一的定义，但是在这一时期对于雇主品牌内涵的探究使得其概念越来越丰满，各学者多角度的定义能帮助我们更清晰地看到雇主品牌的全貌。

威尔·鲁克（Will Ruch，2001）认为，雇主品牌是企业在其现有和潜在雇员心中的形象或个性，它既能使现有雇员对企业产生自豪感和满意感，又能使潜在雇员产生进一步了解企业的欲望。他的概念界定更加强调了雇主品牌的形象特征。形象是“表”，它所表现的东西是“里”。关于作为形象的雇主品牌承载了什么样的内涵，学者和研究机构提出了不同的看法。世界大型企业联合会（The Conference Board）于2001年在雇主品牌实践研究报告中指出，雇主品牌作为雇主的形象标志，表现为企业与激励和留住现有员工以及吸引潜在员工相关的价值、政策和行为体系。里德（Reed，2001）认为，企业的愿景、文化、核心价值和特质决定了企业雇

① Ambler T & Barrow S. The Employer Brand［J］. Journal of Brand Management，1996.

主品牌的内涵。

咨询专家戴夫（Dave Lefkou，2001）认为，雇主品牌是一种承诺，雇主传递该承诺的能力决定了其在潜在员工心中的身份，后者在很大程度上会因为这种定义而决定是否加入该企业，而现有员工将根据他们的期望是否达到而决定自己的去留。[①] 他在后来又提出，雇主品牌是企业作为雇主区别于竞争对手的承诺，它构建在某一企业独特的价值观、企业文化、现有管理行为、管理政策及未来战略之上，融入了企业对于特定的目标劳动力市场需求的理解，具体表现为能为员工提供良好的物质和精神收益、创造发展机会等一系列的管理制度和实际管理行为。好的雇主品牌可以有效地吸引潜在员工和已离职员工，激励和保留现有员工，进而帮助企业在人力资源目标市场上与竞争对手区分开来，为企业赢得核心竞争力[②]。

尤英等（Ewing et al.，2002）认为，雇主品牌建设涉及在潜在劳动力市场上建立这样一种形象，即与其他企业相比，本企业是最佳工作场所。这种形象是雇主在劳动力市场上传递给劳动者的一种信号，让劳动者将特定雇主与最佳工作场所联系起来。劳埃德（Lloyd，2002）的观点与其类似，他认为雇主品牌建设是企业为向其现有和潜在员工传达“这里是理想工作场所”的信息而做出的各种努力的总和。

我国学者贺爱忠（2002）从整体品牌系统的角度来理解雇主品牌，认为雇主品牌是企业品牌系统的组成部分，是具有美誉度、忠诚度和知名度的企业品牌在人力资源市场上的表现。雇主品牌是企业整体品牌下的一个子品牌，是继产品品牌、企业形象品牌之后的企业第三大品牌，对它的理解不能脱离整体的品牌系统。

苏利文（Sullivan，2004）认为，雇主品牌是一项管理雇员、潜在雇员和利益相关者的意识和观念的有针对性的、长期的战略。巴克豪斯等

---

① Dave Lefkou. Building a Winning Employer Brand [EB/OL]. [2001 - 06 - 22]. http://www.exchange.com.

② 方卫平，李元旭. 论雇主品牌与雇主品牌管理 [J]. 经济管理，2006，9（48）.

（Backhaus et al.，2004）进一步说明，这种战略是雇主不断将自身特性传递给受众，告诉他们企业能为他们提供什么样的独特的雇佣回报。从战略的角度定义雇主品牌，凸显了雇主品牌与战略人力资源管理的关系，强化了雇主品牌概念的管理学色彩。品牌学在人力资源管理中的全新实践，使雇主品牌的意义上升到了战略高度。雇主品牌被上升到了企业战略的高度，成为企业一把手需要密切关注的事。

马丁（Martin，2005）等通过调查发现，受调查者将雇主品牌看作对企业差别性雇佣体验的表达，而不是招聘的辅助工具或广告宣传。他从雇佣体验的角度定义雇主品牌，将人们对雇主品牌的关注从外部更多地转移到雇主内部。

利比·萨廷等（Libby Sartain et al.，2006）同样关注了内部品牌，认为雇主品牌是联系员工情感的纽带，即企业承诺为建立与员工情感联系所提供的东西。他们还指出了雇主品牌和企业顾客的关系，即完成企业给员工许下的承诺是为了使员工努力实现企业给客户许下的承诺。

国际著名的雇主品牌研究机构优瑞萨姆（Universum，2007）提出，雇主品牌是将企业作为对现有员工和潜在员工来说都具有吸引力的产品来开发和进行市场营销的工具。米哈埃拉（Mihaela Alexandra，2007）认为，雇主品牌是企业承诺、愿景、价值观和文化的协同表现，是管理组织内、外员工期望的战略工具。“战略性组织解决方案”（Strategic Organization Solutions）咨询机构的吉姆（Kim Clark - Pakstys）解释说，雇主品牌是将招聘工作、企业文化和经营策略有机地结合在一起的一种工具。用工具来定义雇主品牌具有实践意义，它表明雇主品牌是企业的一种独特资源，可以通过有效的经营管理，为企业低成本地吸引到优秀人才，改善内部的人员管理，提高员工的敬业度和忠诚度，提升企业品牌的无形资产价值，增强竞争优势。

我国学者孟跃（2007）认为，雇主品牌是继产品品牌和企业形象品牌之后的第三种品牌，并试图从宏观上整体把握雇主品牌。他进而提出针对

企业的目标人才，雇主品牌是企业属性、名称、历史、实力、人才价值、声誉、雇主形象等因素的无形总和。

（三）深化阶段（2008 年至今）

这一阶段对雇主品牌概念界定呈现不断深化的特点。首先，雇主品牌的概念越来越综合化，不再局限于一两个角度的解析，而是从综合的角度来理解。其次，学者们不断从更新颖的角度来探究雇主品牌的内涵。再者，更加强调雇主品牌与其他品牌的融合。雇主品牌概念的深度和广度都得到了延伸。

朱勇国、丁雪峰、刘颖悟（2008）对雇主品牌进行了三个层次的划分：首先，雇主品牌是雇主对雇员做出的承诺，不同的雇主做出的承诺是不同的，在人才市场上，这种差别性的“承诺”就是这个雇主（企业）独特的符号；其次，雇主品牌是雇主与内部员工、外部潜在员工、相关群体之间的关系，是种“形象感受”或“雇佣体验”；最后，雇主品牌是一种管理工具，是企业的一种独特资源，通过有效的经营管理，可以为企业低成本地吸引到优秀人才，改善内部的人员管理，提高员工的敬业度和忠诚度，提升企业品牌的无形资产价值，增强竞争优势。

劳勒（Lawler，2008）将雇主品牌的定义高度概括为企业能够吸引人才的关键驱动因素。舒曼和萨廷（2009）从价值体系角度提出，雇主品牌实际是在回答组织现有和潜在雇员的一个问题：在企业中工作能够获得什么？皇甫刚等（2012）提出雇主品牌是企业在人力资源市场上的定位，它包含外部雇主品牌和内部雇主品牌两个部分：外部雇主品牌就是在潜在员工中树立品牌，吸引他们来企业工作；内部雇主品牌则是企业对员工做出的某种承诺，体现为员工工作体验。尼哈等（Neha et al.，2014）认为，雇主品牌是企业向它现有的雇员和外部劳动力市场进行有效传达的一套价值体系。

从理论界对雇主品牌的界定来看，人们对于雇主品牌的研究和实践经历了一系列演进过程：雇主品牌的目标群体从强调劳动力市场上的潜在雇

员到强调现有员工和潜在求职者的内外部整体；雇主品牌的特征从强调功能性特征到强调雇主的身份特征；雇主品牌的视角从强调工作场所吸引力到强调与组织持续发展相结合的长期战略；雇主品牌的管理重点从强调人力资源管理职能的完善到强调与组织的产品和企业品牌融合。

中外研究机构和学者从不同的角度对雇主品牌的概念做了界定，如表2－1所示。

表2－1　雇主品牌概念演变

阶段	年份	学者	定义
产生	1996	Ambler and Barrow	雇主品牌体现为由雇佣行为提供并与雇主联系在一起的功能、经济和心理的利益组合
发展	2001	Dave Lefkou	雇主品牌是一种对雇员的承诺
	2001	Will Ruch	雇主品牌是企业在其现有和潜在雇员心中的形象或个性
	2001	The Conference Board	雇主品牌作为雇主的形象标志，表现为企业激励和留住现有员工以及吸引潜在员工相关的价值、政策和行为体系
	2002	Lloyd	雇主品牌建设是企业为向其现有和潜在员工传达“这里是理想工作场所”的信息而做出的各种努力的总和
	2002	Ewing, Pitt, de Bussy & Berthon	雇主品牌建设涉及在潜在劳动力市场上建立这样一种形象，即与其他企业相比，本企业是最佳工作场所
	2002	贺爱忠	雇主品牌是企业品牌系统的组成部分，是具有美誉度、忠诚度和知名度的企业品牌在人力资源市场上的表现
	2003	钟孟光	雇主品牌包含内、外两部分，是雇主对潜在和现有员工的一种承诺。这种承诺对外表现为在潜在雇员中树立最佳工作场所的形象，在内表现为对内部员工的承诺
	2004	Sullivan	雇主品牌是一项管理现有雇员、潜在雇员和利益相关者的意识和观念的有针对性的、长期的战略
	2005	Martin	通过调查发现，受调查者将雇主品牌看作对企业差别性雇佣体验的表达，而不是招聘的辅助工具或广告宣传
	2006	Libby Sartain & Mark Schumann	雇主品牌帮助企业从起源和价值观建立和包装其身份，即企业承诺为建立与员工情感联系所提供的东西，以使得员工努力实现企业给客户许下的承诺

续表

阶段	年份	学者	定义
发展	2007	孟跃	雇主品牌是企业属性、名称、历史、实力、人才价值、声誉、雇主形象等因素的无形总和
	2007	Universum	雇主品牌是将企业作为对现有员工和潜在员工来说都具有吸引力的产品来开发和进行市场营销的工具
深化	2008	朱勇国、丁雪峰、刘颖悟	雇主品牌从符号角度可以理解为一种“雇佣承诺”；从关系角度可以理解为一种“工作体验”；从资源角度可以理解为一种“管理工具”
	2009	Schumann & Sartain	从价值体系角度提出，雇主品牌实际是在回答组织现有和潜在雇员的一个问题：在企业中工作能够获得什么？
	2012	皇甫刚	提出雇主品牌是企业在人力资源市场上的定位，它包含外部雇主品牌和内部雇主品牌两个部分
	2014	Deepanjali & Neha	雇主品牌是企业向它现有的雇员和外部劳动力市场进行有效传达的一套价值体系

通过对中外不同时期雇主品牌的定义进行总结，可以发现研究机构和学者们大多从以下几个角度来界定雇主品牌的概念。

1. 形象。品牌形象是品牌独特个性的载体，通过向特定的受众传播持续统一的形象，从而与竞争对手区分开来。从这个角度定义雇主品牌主要体现为雇主在劳动力市场上能与其他同类企业区分开来的独特印象，它可以有效传达企业人力资源管理体系与政策的特色，从而吸引、保留优秀员工。它还与雇主声望、在劳动力市场上被认知的情况、美誉度等方面有关。

2. 承诺。不同的雇主做出的承诺是不同的，在人才市场上，这种差别性的“承诺”就是这个雇主独特的符号。从这个角度定义雇主品牌主要体现为雇主对雇员的承诺，雇主能给予雇员什么。一个企业雇主品牌的能指所指代的是该企业或企业家本身，而其所指含义则指代该企业的雇佣环境，包括内部工作环境、福利待遇、组织文化、管理气质，以及通过外部

传播在潜在雇员心目中所留下的印象。

3. 雇佣体验。从这个角度界定雇主品牌主要是将其看作对雇主差别性雇佣体验的表达，即员工在企业获得了怎样的直观感受。当求职者或者雇员提到这家企业时，就会不自觉地将雇主提供的雇佣体验或利益联系在一起，有利于提高对企业的内部感知，建立与雇主的情感纽带。雇佣体验既涉及有形的工资、福利，也涉及无形的组织文化、价值观、学习和成长机会、奖励和认可以及管理风格等。高绩效员工会寻找最符合自身需求的雇佣体验，并为获得这种体验而工作。员工需求与雇佣体验之间的良好匹配有助于激励和留住员工。

4. 管理。人力资源管理理论虽从创立起就已注重劳动过程中的“人”的因素对企业经营的影响，但人力资源部一直作为职能部门而存在，无法参与企业经营管理的决策，仍存在其局限性，长久以来一直不能走出为“管人”而“管人”的环境。有的学者从管理的角度出发，将雇主品牌看成一种企业战略，将企业人力资源活动上升到战略层面，使雇主品牌与企业发展相协同，并与企业产品品牌、服务品牌、企业家品牌等战略相融合，最终实现企业经营目标。也有学者将其视为一种管理工具，雇主站在企业的高度上开发、利用该工具，通过管理人来提升企业的综合竞争力。

三、雇主品牌分类

雇主品牌理论发展至今，许多学者不断丰富着雇主品牌概念的内涵和外延，但目前对雇主品牌还没有一个统一的概念。由于雇主品牌的目标人群涉及外部的潜在员工、正在求职中的员工、离职员工和在职员工，无论是单从外部品牌还是单从内部品牌的角度来理解雇主品牌都是片面的，对雇主品牌的完整理解应该是综合的，应同时涉及内部和外部，以及内部和外部的有机整合。因此，针对内部和外部不同的目标人群，可以将雇主品牌概念从外部雇主品牌、内部雇主品牌和整体雇主品牌三个层次来进行划分。

(一)外部雇主品牌

外部雇主品牌就是在潜在的雇员中树立品牌,使他们愿意到企业来工作,为企业树立最佳工作地的形象。[①] 潜在雇员与雇主的关系类似于消费者和厂商的关系,求入职的过程类似于消费者购买产品。消费者通过金钱换取产品和服务,而潜在雇员通过付出人力资本(如技能、经验等)换取职位。作为厂商,企业需要建设产品品牌来吸引消费者;作为雇主,企业同样需要树立雇主品牌,增加雇主吸引力,从而获得优秀的员工。

在人才短缺加剧和持久化的形势下,人们开始关注企业在人力资源市场上的形象,探讨企业作为雇主对应聘者的吸引力。基于此,一些学者从外部品牌的角度来定义雇主品牌。

尤英等(Ewing et al.,2002)认为,雇主品牌建设涉及在潜在劳动力市场上建立这样一种形象,即与其他企业相比,本企业是最佳工作场所。巴克豪斯(2004)指出,雇主品牌建设是指为作为雇主的企业塑造独特而有吸引力的形象。尤英等(2005)也指出,雇主品牌关注的是在劳动力市场上建立有关本企业是最佳工作场所的企业形象。良好的雇主形象是需要企业主动而有计划地传播的,将企业独特的、与竞争对手有差别的理念和承诺传递给外部,让社会公众、潜在的求职者甚至顾客能够知道、熟悉、了解、认同,进而向往。

(二)内部雇主品牌

内部雇主品牌是在现有的员工心目中树立的品牌,来自员工的雇佣体验。它是企业对雇员做出的某种承诺,它不仅仅体现企业和雇员之间所建立的关系,还体现企业为现有员工和潜在员工所提供的独特的工作经历。企业在现有雇员中树立品牌,是企业对员工成长和发展做出的郑重承诺,体现企业长远发展与员工职业生涯发展的双赢关系[②]。内部雇主品牌是建立在企业

① 梁钧平,李晓红.象征性个人与组织匹配对雇主吸引力的影响:一项对雇主品牌象征性含义的研究[J].南开大学商学评论,2006(7):99-117.

② 朱勇国,丁雪峰,刘颖悟,等.中国雇主品牌蓝皮书Ⅱ[M].北京:中国劳动社会保障出版社,2008.

特性与价值的基础之上的，吸引、保留和激励员工的关键在于创造性地整体运用企业本质上所坚信的东西，建构和表达员工的体验，建立起企业与员工的信任感和真诚感，通过员工进一步实现企业对顾客的承诺。

学者们认为，与创建关系和可依赖性体验的消费者品牌建设一样，雇主品牌建设需要建立雇主与员工之间的情感关系，所以便从内部品牌的角度定义雇主品牌。

消费者使用了厂商的产品或服务后，获得了相应的用户体验，从而发展出对产品或服务品牌的忠诚度，进而对品牌文化产生认可并传播，消费者与厂商就产生了深层次的沟通与连接。同样，类似消费者与厂商的关系，企业内部员工在雇佣体验的基础上产生对企业的认可，自发地做出敬业和忠诚行为，从而提高生产率，实现人力资本最大化。内部雇主品牌市场的重要性在于，它承载着品牌的这一功能，即“承诺，用于公司人才招募，并且体现为组织文化的一部分”①。

马丁等（2005）通过调查发现，受调查者将雇主品牌看作对企业差别性雇佣体验的表达，而不是招聘的辅助工具或广告宣传。著名的顾问咨询公司翰威特（Hewitt）认为，雇主品牌就是一种雇主的允诺，是关于员工加入公司后能体验到的工作文化、环境和机会等。

国内学者也从内部雇佣体验的角度来界定雇主品牌。张素芳和皇甫刚认为，雇主品牌从企业内部讲就是企业在员工中树立良好雇主的形象，是企业通过对员工成长和发展做出的承诺及人力资源管理实践致使员工形成的雇佣体验。通过树立良好的雇主品牌，企业可以有效传达企业文化，充分激励员工，提高员工工作满意度和忠诚度，从而达到留住优秀员工的目的。

（三）整体雇主品牌

整体雇主品牌是外部雇主品牌和内部雇主品牌的有机结合。内部和外

① Hend C, Jenkins R. Psychological Contracts and New Deals [J]. Human Resource Management Journal, 1997, 7 (1): 38-44.

部是相辅相成的两个组成部分，先有内在，才有外在，并且内外部相互影响，产生“1+1>2”的效果。从雇主品牌的定位、建设，再到传播、评估，都不能片面地只关注内部或者外部，而应该把它视作一个综合概念来考虑。

安博拉和巴洛（1996）认为，雇主品牌体现为由雇佣行为提供并与雇主联系在一起的功能、经济和心理的利益组合。劳埃德（2002）指出，雇主品牌建设是企业为向其现有和潜在员工传达“这里是理想工作场所”的信息而做出的各种努力的总和。

钟孟光（2003）提出，“雇主品牌”是雇主对现有员工和潜在人才的“承诺”，它包含外部品牌和内部品牌两个部分。树立外部品牌就是在潜在的雇员中树立品牌，使他们愿意到企业来工作，为企业树立最佳工作场所的形象。树立内部品牌则是指在现有员工中树立品牌，它是企业对雇员做出的某种承诺，不仅仅是企业和雇员之间所建立的关系，还体现了企业为现有和潜在员工所提供的独特工作经历。

朱勇国、丁雪峰、刘颖悟（2008）从三个维度对雇主品牌加以界定：首先，雇主品牌是雇主对雇员做出的承诺，不同的雇主做出的承诺是不同的，在人才市场上，这种差别性的“承诺”就是这个雇主（企业）独特的符号；其次，雇主品牌是雇主与内部员工、外部潜在员工、相关群体之间的关系，是一种“形象感受”或“雇佣体验”；最后，雇主品牌是一种管理工具，是企业的一种独特资源，通过有效的经营管理，可以为企业低成本地吸引到优秀人才，改善内部的人员管理，提高员工的敬业度和忠诚度，提升企业品牌的无形资产价值，增强竞争优势。

第二节　雇主品牌相关概念

一、态度关系类

（一）雇佣体验（工作体验）

雇佣体验，也称“工作体验”，指的是员工通过雇佣关系而产生的与工作相关的整体感受，既涉及有形的工资、福利，也涉及无形的组织文化、价值观、学习和成长机会、奖励和认可以及管理风格等。高绩效员工会寻找最符合自身需求的雇佣体验，并为获得这种体验而工作。员工需求与雇佣体验之间的良好匹配有助于激励和留住员工。

雇佣体验并不等同于雇主品牌，它是雇主品牌的来源与基础。朱勇国等认为，雇主品牌是企业在人力资源市场上的定位，既是现有企业雇员的雇佣体验，也是潜在员工心目中的形象。可见雇佣体验主要关注的是内部企业雇员，反映的是企业内部雇主品牌。西方著名咨询机构 Versant Works 认为，雇佣体验或者说员工在一个组织中的工作感受，是雇主品牌的基础。马丁等（2005）通过调查发现，受调查者将雇主品牌看作对企业差别性雇佣体验的表达，而不是招聘的辅助工具或广告宣传。

（二）组织声誉

组织声誉是指与其他处于领导地位的竞争者相比较，组织的过去行为结果和将来前景对其所有利益相关者的整体吸引力。公众可获得的关于组织特征、能力、产品、服务等方面的相关知识及其亲身经历是他们对组织声誉进行评价的基础，而组织声誉也会对组织的绩效及竞争优势产生显著的影响。为了提升自身的声誉度，组织有必要发展和树立一种综合性的声誉管理理念，从组织声誉产生的源头抓起，构建管理组织声誉的有效策略①。

---

①　李民牛．组织声誉及其管理刍议［J］．经济研究导刊，2008（8）：45－46.

早期学者对于组织声誉概念的界定主要强调被评价组织本身的特征要素，如组织所采取的各种行动的具体内容、质量等，或者是一种对于企业产出的绩效评价（Benjamin & Podolny，1999）。这一视角的组织声誉界定太过强调组织声誉与组织财务指标等客观数据之间的关联，而忽视了组织声誉所应当体现的内涵更加丰富的组织态度、行为决策等过程性内容。所以，学者们逐步开始从原先强调组织声誉一定是反映外部利益相关者共同评价的综合概念，转向更加关注被评价组织与（一个或者多个）外部评价主体之间的具体行为互动过程。他们指出，声誉概念体现了被评价方提供的产品或服务能够满足特定外部利益相关者期望的程度（Rhee & Haunschild，2006），这一视角强调了组织声誉是一种评价双方良性感知、互动的结果。兰格等（Lange et al.，2011）在综述以往组织声誉研究时指出，以往研究较少考虑组织声誉本身应当是一个有关外部利益相关者感知的多维度概念，包含外部感知者对组织的熟悉程度、对组织未来的期望信念以及对组织偏好的印象三个方面。

组织声誉是容易与雇主品牌混淆的概念之一，因为二者都强调对组织的熟悉度和感知度，都能代表企业组织在利益相关者心中的形象，并且组织声誉与雇主品牌的构建都是一个组织与内外部评价主体之间的互动过程。最后，它们都对组织绩效有着促进作用。雇主品牌是综合了组织声誉、内部营销、企业文化等概念之后形成的综合概念。组织声誉是一种评价、经验或感知，而雇主品牌是一种形象、承诺乃至管理工具。组织声誉的来源之一是雇主品牌，一个强有力的雇主品牌能够产生良好的组织声誉。

二、品牌类

（一）企业产品品牌

对产品而言，产品品牌包含两个层次的含义：一是指产品的名称、术语、标记、符号、设计等方面的组合体；二是代表有关产品的一系列附加

值，包含功能和心理两方面的利益点，如产品所能代表的效用、功能、品位、形式、价格、便利、服务等。

产品品牌和雇主品牌都是企业整体品牌的组成部分。产品品牌和雇主品牌是“子”，企业整体品牌是“母”。在企业整体品牌的统领之下，产品品牌和雇主品牌占据不同的战略位置，发挥不同的战略功能。产品品牌的主体是某一系列的实体产品或者服务，目标群体是市场上的所有消费者；而雇主品牌的主体是实施雇佣行为的企业本身，目标群体是整个劳动力市场。产品品牌把企业提供给顾客的价值（包括产品、服务、购买经历等）向顾客进行传递，最终要达到提高产品竞争力和市场占有率的目的；雇主品牌则将基于雇佣价值定位的雇主承诺（即企业提供给员工的价值，包括薪酬福利、成长机会、工作环境、社会地位等）向劳动力市场上的利益相关者进行传递，从而达到吸引外部员工，建立内部员工对企业信心和情感纽带的目的。对产品品牌，可以从市场占有率、顾客满意度、营业额等方面进行衡量；对雇主品牌，可以从工作满意度、员工流失率等方面进行衡量。

（二）企业整体品牌

企业整体品牌是一个大的综合性的概念，包含从不同角度反映出来的各种品牌。企业可以针对顾客、员工、社区等分别建立产品品牌、服务品牌、雇主品牌和社区品牌，企业领导也可以建立企业家品牌。通过这些子品牌，企业向不同的利益相关群体展示企业形象、产品与服务形象，传递企业文化与核心价值，把企业的愿景、荣誉、企业文化、人力资本等转化成区别于竞争对手的竞争优势。而雇主品牌是在现有员工、离职员工与潜在员工心目中的形象反映与价值承诺。

1. 企业形象品牌包含雇主品牌。雇主品牌是企业品牌的一部分，所以企业品牌并不能取代雇主品牌。企业打造良好的整体品牌离不开有吸引力的雇主形象的建设。整体品牌和雇主品牌在诸多方面存在差异。首先，它们的目标对象不同。企业品牌直接针对的是社会，代表企业的公众形象，其主体是企业形象；而雇主品牌所直接针对的是企业内部员工和外部的潜在员工，代表的是雇主对雇员和潜在雇员的一种承诺，即企业提供给员工价值，包括薪酬福利、成长机会、工作环境、社会地位等，其主体是作为雇主的某个企业实施雇佣行为的雇主形象。其次，它们的目的不同。企业打造企业品牌的目的是为企业发展创造良好的外部环境，提高产品和市场占有率和竞争力，由此实现公司盈利；而打造雇主品牌是为了在员工或潜在员工心目中树立对企业的信心和建立对企业的情感纽带，提升企业的人力资源管理水平，更好地吸引人才、留住人才，最大限度地发挥人才的价值，由此为企业赚取更大的商业利益。

2. 企业形象品牌与雇主品牌互相影响。罗杰斯（Rogers，2003）指出，如果雇主品牌不能支持企业品牌，企业的品牌形象再好，也很快会被侵蚀。[①] 关于雇主形象的研究显示，当雇主的形象与应聘者的自我形象相似时，雇主就能吸引应聘者，员工与组织的适配以及求职者对企业形象的评估在应聘过程中起着非常重要的作用。里内什等（Rynes et al.）发现，求职者关于是否去一家企业应聘的决定是以其对企业形象的一般感知为基础的[②]。贝尔特等（Belt et al.）认为，具有良好形象的企业对应聘者的吸引力比形象较差的企业要大得多。

在企业品牌和雇主品牌的相互作用中，雇主品牌对塑造企业品牌具有重要的作用。优秀雇主品牌树立的是人们乐意为之工作的形象，在保留人才的同时吸引着人才。如果雇主品牌形象不佳，员工流失率高，必定会损害企业品牌。

企业品牌的作用不仅在于强化企业在客户心中的形象，也直接影响到其他利益相关群体的认识，其中，员工群体非常重要。因此，为成功构建企业整体品牌，需要特别关注雇主品牌建设。雇主品牌有其独特的品牌对

---

① Fiona Rogers. Engaging Employees to Live the Brand [J]. Strategic HR Review, 2003, 2 (6): 34 – 37.

② Rynes S L, Barber A E. Applicant Attraction Strategies: An Oganizational Perspective [J]. Academy of Management Review, 1990, 15 (2): 286 – 310.

象、目标和价值，雇主品牌的建设可以丰富和完善企业品牌的形象。

3. 企业形象品牌与雇主品牌具有统一性，它们都服务于企业长期战略和核心价值观。无论是企业形象品牌，还是雇主品牌，都反映了企业在市场竞争中寻求差异化的战略目标导向和企业独特的价值定位和主张。企业的一切经营和管理活动都是依据其战略进行的，从整体发展战略再到品牌战略、经营战略，层层分解和细化，最终使战略目标得以实现。此外，一个企业的核心价值观是唯一的，企业的所有品牌建设，无论是雇主品牌、产品品牌还是服务品牌，其出发点都是来源于此，体现出一个企业独特的品牌哲学。

（三）雇主吸引力

图尔班等（Turban et al.）于1996年首先提出了“组织吸引力”的概念，即组织本身吸引潜在求职者前往应聘的程度①。尤英等在2005年最先提出“雇主吸引力”（Employer Attractiveness）的概念，即“潜在雇员所预期的为某一特定组积工作所获得的利益”②。Carless & Lmber（2007）认为招聘过程中，求职者向组织申请工作的意愿就是雇主吸引力③。苏林德等（Surinder et al.，2005）认为，雇主吸引力是雇主品牌的先行概念，雇主品牌能够影响雇主吸引力④。

获得合适的人力资源首先要解决的问题是增强企业作为雇主的吸引力，提高雇主吸引力是进行雇主品牌建设的目标之一。那些获得了最佳雇主称号或者建立了强有力雇主品牌的企业，往往是最具吸引力的雇主，能

---

① Turban，Greening. Corporate Social Performance and Organizational Attractiveness to Prospective Employees［J］. Academy of Management Journal，1997，40（3）：658－672.

② Berthon P，Ewing M，Li L H. Captivating Company：Dimensions of Attractiveness in Employer Branding［J］. International Journal of Advertising，2005，24（2）：151－172.

③ Carless S，Lmber A. The Influence of Perceived Interviewer and Job and Organizational Characteristics on Applicant Attraction and Job Choice Intentions：The Role of Applicant Anxiety［J］. International Journal of Selection and Assessment，2007，15（4）：359.

④ Kristin B，Surinder T. Conceptualizing and Researching Employer Branding［J］. Career Development International，2013，9（5）：501－517.

够有效地降低获得员工的成本，改善员工关系，提高员工的保持率，甚至能够用比弱雇主品牌公司低的薪酬获得相同水平的员工①。雇主品牌一方面能够通过雇主形象产生雇主吸引力，另一方面能够通过塑造雇主品牌忠诚度来提高雇员生产力。企业应通过雇主吸引力吸引外部优秀人才，通过雇员生产力有效激励内部人才。

三、管理类

（一）战略人力资源管理

战略人力资源管理，是指为使企业达成目标所进行的一系列有计划的人力资源部署和管理活动。具体而言，战略性人力资源管理将人力资源视为获取竞争优势的一种首要资源，强调通过人力资源规划、政策及具体实践，可以达到获取竞争优势的人力资源配置；强调获取竞争优势的人力资源配置，能够与企业战略及发展阶段垂直匹配，并能在内部各种活动间水平匹配；强调所有人力资源活动协同作用，以实现组织战略目标为目的。

全球人才争夺日趋激烈，使吸引、留住优秀雇员成为人力资源管理的战略目标，雇主品牌正是现代人力资源管理为适应新环境、在激烈竞争中取胜所创立的新理念，“创造良好的雇主品牌”是人力资源管理发展的最根本趋势，也是战略人力资源管理的基本目标和动力②。

企业内战略人力资源管理的传导路径为：企业的整体战略→人力资源管理部门→确立相应的人力资源战略→制定合适的人力资源政策→员工需求得到满足→员工满意度提高→生产率/服务提高→客户满意和忠诚→企业的可持续发展。雇主品牌理念则是贯穿这条传导路径的脉络和基石，也是战略人力资源管理的灵魂，由此可知，最佳的雇主品牌能够为企业吸引并留住最佳员工，最佳员工能为企业带来最佳业绩回报，实现战略人力资

---

① 殷志平．雇主吸引力维度：初次求职者与再次求职者之间的对比［J］．东南大学学报：哲学社会科学版，2007，9（3）：57－61.

② 白祖纲．连锁企业基于雇主品牌理念的战略人力资源管理［J］．现代人才，2008（1）：38－41.

源管理的最终目的[①]。

雇主品牌的建设满足战略人力资源管理构建具有竞争优势的人力资源系统的要求。战略人力资源管理强调通过人力资源规划、政策及具体实践，构建能够获取竞争优势的人力资源管理系统。雇主品牌对内是企业对人才成长和发展做出的一种郑重承诺，可以驱动企业完善用人机制，不断优化内部人才的生态环境，提高企业人力资源管理的系统能力。据彭剑锋教授观察，最佳雇主的人力资源的系统能力、整体的竞争能力都比较强。良好的人力资源管理系统带来了员工的高敬业度和低流失率，降低了人才交易和流动的成本，增强了竞争力。

雇主品牌的建设满足战略人力资源管理对战略匹配的要求。战略人力资源管理强调人力资源管理活动能够与企业战略垂直匹配，在内部各种活动间水平匹配。最佳雇主都从战略角度进行人力资源规划，根据企业的战略进行人力资源的各项管理活动。由翰威特咨询公司进行的“最佳雇主”调查发现，最佳雇主在企业战略和人力资源战略之间有着非常高的匹配度。几乎所有最佳雇主的首席执行官都表示，他们的人力资源方案与经营策略和业绩期望是相匹配的。

雇主品牌与战略人力资源管理既相互联系又有所区别。从建设主体来看，战略人力资源管理主要是企业的人力资源部门，而雇主品牌的建设则涉及企业的人力资源部、市场营销部、公关部、品牌部等多个部门；从指标体系来看，企业人力资源管理通常通过人力资源指数来衡量，而雇主品牌则往往通过员工满意度、忠诚度、流动率等来评价。

基于雇主品牌理念进行战略人力资源管理，增强企业人力资源竞争力，进而培育和发展动态核心能力，是现代企业经营的当务之急和必然趋势之一。企业雇主品牌建设与企业战略人力资源管理的比较如表 2 - 2 所示。

---

① 白祖纲. 连锁企业基于雇主品牌理念的战略人力资源管理［J］. 现代人才，2008（1）：38 - 41.

表2-2 雇主品牌与战略人力资源管理比较

比较内容	企业战略人力资源管理	企业雇主品牌建设
主体	人力资源部	企业人力资源部、市场营销部、公共关系部等多个部门的联合并且必须有首席执行官等高层领导参与
目标市场	企业内部人才市场	劳动力市场
目标对象	企业现有员工和潜在员工	目标潜在员工、离职员工和现有员工
内容	从战略的角度进行人力资源规划，根据企业的战略进行人力资源的各项管理活动	雇主承诺，即企业提供给员工价值，包括薪酬福利、成长机会、工作环境、社会地位等
主要评价指标	舒斯特人力资源指数、人力资源绩效指数等	积极的工作体验、熟知度、感知的质量等
作用	构建具有竞争优势的人力资源系统，使企业的人力资源部署和管理活动与企业的战略目标相匹配，实现企业的业绩期望	建立起员工或潜在目标员工对企业的信心和情感纽带，提升企业的人力资源管理水平，评价企业的人力资源管理对组织绩效的贡献

（二）内部营销

内部营销是仿照外部营销而提出的概念，企业向外面对的是客户，向内面对的是员工。一个优秀的企业，不仅能使客户满意，也能使内部员工满意，并且让内部员工满意是让外部顾客满意的重要影响因素。员工需求得到满足会有利于提高企业产品和服务质量，从而更好地为客户服务。科特勒把内部营销定义为“成功地招聘、培训和激励有能力的员工来服务好顾客”。

拜里（1981）认为，用以吸引外部顾客的营销工具同样也可以用来吸引和留住被看作内部顾客的员工，因此，他把内部营销定义为“把员工当作内部顾客，把工作当作内部产品，通过满足内部顾客的需求来实现组织的目标”①。拜里等认为，“内部营销是把员工当作顾客的哲学，它是设计

① Berry L L. The Employee as Customer［J］. Journal of Retail Banking，1981，3（1）：25-28.

工作产品来满足人的需要的战略”①。有学者用市场营销的4P理论比喻工作营销：工作和职位是产品，薪酬与奖励是价格，工作环境（包括硬环境和软环境，后者如组织结构、文化、经理人员风格和工作氛围等）是场所，企业的内部和外部沟通是促销。虽然研究内部营销的初衷是赢得外部顾客的满意，但相关研究却将企业员工作为研究对象，结果很快就有人把内部营销作为一种人力资源管理方法，把营销调查、市场细分、目标顾客、营销组合等营销思想和方法应用于人力资源管理，以赢得有顾客意识和满意感的员工。

内部营销是一种理念和技术，它对雇主品牌尤其是内部雇主品牌的发展有多方面的借鉴作用。二者的概念也有许多不同之处：第一，目的不同。内部营销通过满足员工需求来达到提升企业经营绩效的目的，而雇主品牌则通过树立良好的雇主形象来吸引、保留人才。第二，对象不同。内部营销主要关注的是内部员工，而雇主品牌关注的是在职员工、离职员工、潜在员工等劳动力市场上的所有的利益相关者。第三，方法不同。内部营销主要将营销学方法应用到人力资源管理，而雇主品牌从建设、传播到评价是一个庞大的综合过程，其中涉及营销学、传播学、管理学等多种理论方法。

（三）企业社会责任

企业社会责任的内容可以概括为：企业在追求利润最大化的同时或者在经营过程中，特别是在进行决策时，除了要考虑企业本身的利益之外，还需要考虑其他利益相关者的利益和社会的利益，除了考虑其行为对自身是否有利外，还应考虑对他人是否有不利的影响，如是否造成公害、环境污染、威胁人身健康、资源的浪费等，企业在进行决策时，对这些问题进行考虑，并采取适当的措施加以避免，其行为本身就是在承担社会责任。②

---

① Berry L L, Parasuraman A. Marketing Services: Competing Through Quality [M]. New York: The Free Press, 1991.

② 韩玲．企业社会责任与雇主品牌［J］．江苏商论，2008（12）：74－75.

目前许多雇主品牌的评价指标都把企业社会责任作为其中的一部分，但是我们认为具有良好的企业社会责任的企业不一定就是优秀的雇主，两者是有区别的。雇主品牌是企业在现有以及潜在员工中的形象，表现为员工对企业的评价、认可；企业社会责任则是企业对社会的承诺，或者外界对企业提出的要求。从两者的目标对象来看，企业社会责任涉及所有企业的利益相关者，而雇主品牌则仅仅面向企业的员工；从两者的关系来看，企业社会责任只是影响雇主品牌的一个因素。我们认为，企业社会责任是达成企业雇主品牌建设目标的手段之一。雇主品牌与企业社会责任的区分如表2－3所示。

表2－3　企业雇主品牌与企业社会责任比较

对象 要素	企业社会责任	雇主品牌
目标市场	企业环境	人力资源市场
目标对象	利益相关者，包括企业的员工、消费者、供应商、社区和政府等	目标潜在员工、离职员工和现有员工
内容	自然环境；公司和社会之间的关系；社会经济或者财政方面，包括在企业经营方面对企业社会责任的描述；利益相关者或者利益相关者集团；企业的行为是自愿的，不是法律强制的	雇主承诺，即企业提供给员工的价值，包括薪酬福利、成长机会、工作环境、社会地位等
主要评价指标	经济合作与发展组织（OECD）跨国公司行为准则、企业责任信仰中心（ICCR）全球公司责任准则、企业社会责任准则 SA8000、联合国全球契约、国际劳工标准、可持续发展报告指南、ISO14000 系列标准、赤道准则等	员工满意度、忠诚度、流动率等
作用	通过有道德的采购活动改善全球工人的工作条件，确保供应商所提供的产品符合社会责任标准的要求，最终达到公平而体面的工作条件要求	建立起员工或潜在目标员工对企业的信心和情感纽带，提升企业的人力资源管理水平，评价企业的人力资源管理对组织绩效的贡献

雇主品牌中的企业社会责任，主要涉及企业在雇员方面的责任，包括：使现有员工、离职员工以及潜在员工对企业的认知产生影响，承担自己的社会责任；在工作环境方面和工作条件方面，确保工作场所符合安全与健康标准，尽早防止或预防员工在公共场所发生安全事故或受到各种职业伤害，从而保持员工身心健康；在员工雇佣和配置环节，企业应当在贯彻公平、公开、公正原则的基础上，适当照顾残疾人、女性、少数民族劳动者，包括下岗工人等特殊人群的就业，防止甄选工具本身对特殊人群就业造成的歧视；在培训方面，企业应当为员工提供足够的培训与开发的机会，通过一定的人力资本投资活动来强化员工的就业能力，使员工始终保持较强的市场竞争力；在解雇与裁员方面，企业应尽可能多地承担自己的责任，以减少解雇与裁员对员工产生的压力和巨大冲击；及时发现员工在生活、工作中存在的各种问题，制订员工帮助计划，在一定范围内协助员工解决各种对工作造成影响的问题，促进员工工作与生活之间的平衡等。

（四）雇佣价值定位

雇佣价值定位（EVP）是企业根据其核心员工的价值定位，在细分劳动力市场的基础之上提供给员工的一套承诺。雇佣价值定位是组织为雇佣员工而提供的综合计划。它明确了“付出和得到”，即员工因贡献的劳动付出与绩效而获得的价值。雇佣价值定位的范畴远远超过薪酬和福利，从组织的愿景、使命和核心价值观到工作体验、团队、组织文化氛围，以及职业生涯和发展机遇，涵盖了雇佣期间组织与员工关注的方方面面。清晰的雇佣价值定位有助于组织传达雇佣期间能够提供给员工的独特价值，进而使组织从竞争对手中脱颖而出。

在进行雇主品牌建设时，企业首先要分析所需的核心人才的需求特点，划分劳动力市场。再结合企业的实际情况向潜在员工给出一套可通过雇佣关系实现的承诺。雇佣价值承诺就是企业在劳动力市场上进行的价值定位，有了这一步，才能进行后续的雇主品牌建设、传播与评估。它也是企业向劳动者释放的独特信号——我与其他竞争者是不同的，从而构建起

有独特吸引力的企业形象。一个好的雇佣价值定位能够适应在不同国家或地区的不同劳动力市场中的品牌沟通和传播。

第三节　雇主品牌作用机制

作为一种特殊的品牌，雇主品牌通过什么样的机制对劳动者产生作用与影响，吸引学者们进行了多角度的探究。

有的学者从营销学的角度出发，将雇主品牌的作用路径解释为雇主品牌与劳动者相互匹配与满足的过程。品牌形象概念的基本观点是消费者看到一个品牌就会联想到其功能方面的特征，也会赋予其象征性的含义。在品牌形象的营销学研究文献中，加德纳等（Gardner et al.）把品牌形象分解为产品的功能性特征和象征性特征两部分①。同样，雇主品牌形象也可以分为功能性特征和象征性特征两个部分，其作用机制如图 2－1 所示。

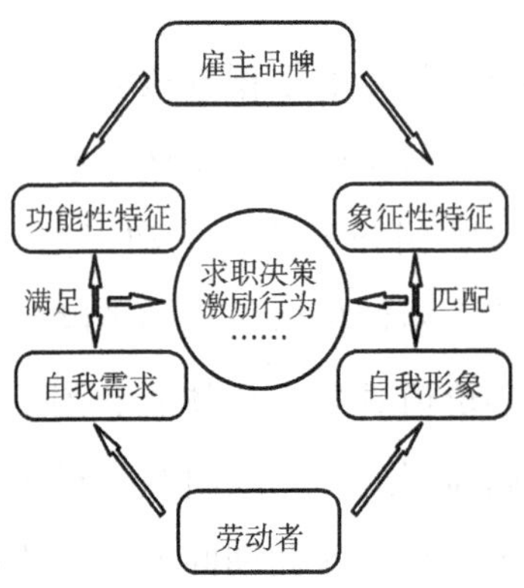

图 2－1　雇主品牌形象的作用机制

功能性特征是用来描述组织的客观可见的实际因素，比如工资报酬、晋升空间等，能够满足员工的功能性需求。利文斯等（Lievens et al）通过

① Gardner B B, Levy S J. The Product and the Brand [J]. Harvard Business Review, 1955 (33): 33－39.

研究银行职员和学生样本发现，员工和求职者看重的雇主品牌功能性特征包括薪酬、晋升机会、工作稳定性、工作繁忙程度、工作地点和福利。①

雇主功能性特征的传达能够满足员工的功能性需求，这是劳动者求职时所要考虑的前提条件。根据马斯洛需求理论，雇主要提供生存、安全、社交、自我实现等方面的承诺与保障，才具有吸引力。而雇主品牌正是这种承诺的载体，通过不同的传播途径向劳动者传达“我能满足你的需求”等信息。

象征性特征是用来描述工作或组织的主观、抽象和不可见的因素。利文斯等发现，员工和求职者不单注重雇主品牌的功能性特征，还关注雇主品牌的象征性特征，其编制的雇主品牌问卷在象征性特征上包括诚挚（sincerity）、创新（innovativeness）、能力（competence）、声望（prestige）和强壮（robustness）五个维度。

雇主的象征性特征会激发求职者在该特征方面的自我认知，求职者通过选择与自我形象匹配的雇主来保护或增强自我概念。梁钧平和李晓红从雇主形象出发，认为营销学的“自我—产品形象匹配”理论可以借鉴用于人力资源管理领域，即雇员关注雇主形象的原因是不同的雇主具有不同的个性特征，组织的文化、气氛、价值观、目标和规范等基本特征与个人的人格、价值观、目标、态度等基本特征具有相似性时，个人与组织才能相互匹配；雇员通过选择雇主来进行自我表达，从而满足其自我提升和自我一致性的需要。因此，组织的文化、气氛、价值观、目标、规范等因素是雇员选择雇主的重要评判标准。

当雇主一方面令功能性特征满足了劳动者的自我需求，另一方面又实现了象征性特征与自我形象的匹配时，就能发挥雇主品牌的作用。在招聘中影响求职者做出求职决策，在企业管理中提高员工的敬业度和忠诚度，产生激励行为，提高生产力。

---

① Lievens F, Highhouse S. The Relation of Instrumental and Symbolic Attributes to a Company's Attractiveness as an Employer [J]. Personnel Psychology, 2010, 56 (1): 75-102.

此外，也有学者从品牌资产的角度探究雇主品牌的作用机理。苏林德等（Surinder et al.）提出了雇主品牌的概念框架（见图2-2），以说明雇主品牌是如何在组织的人才管理中发挥作用的。他们提出雇主品牌建立了两个主要资产：品牌联想和品牌忠诚。

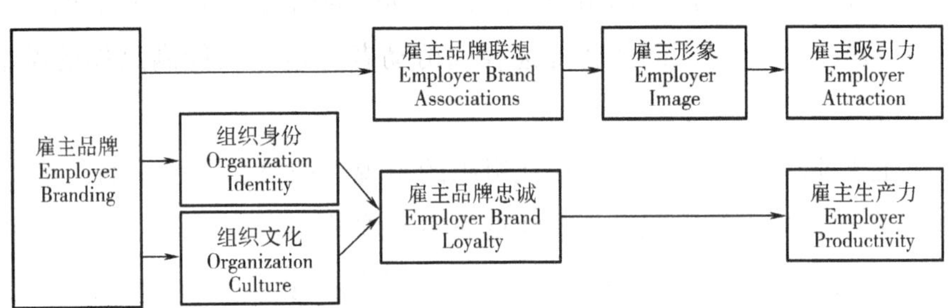

图2-2　雇主品牌作用机制

雇主品牌联想塑造了雇主的形象，会影响该组织对潜在雇员的吸引力，使其成为劳动力市场上的独特且有吸引力的雇主。雇主品牌影响组织文化和组织身份，会推动雇主品牌的忠诚度，有助于提高员工的生产力，提升个人和组织绩效。其中，组织文化也会反馈到雇主品牌，帮助形成雇主的独特形象与气质。

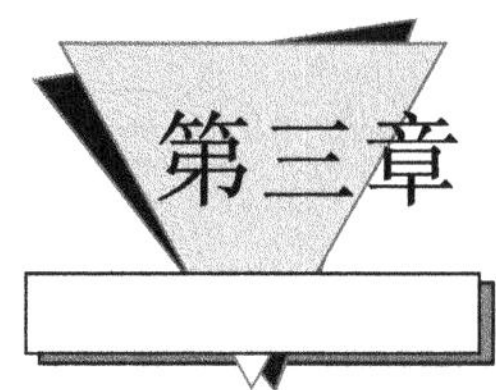

雇主品牌的功效及价值

第一节　塑造雇主品牌，促进企业整体发展

一、塑造独特而有吸引力的企业形象

雇主品牌作为工作环境和雇主责任的符号和标志，对于塑造独特而有吸引力的企业形象具有积极意义（见图3－1）。良好的雇主品牌能够传播企业独特的价值观、企业文化、管理行为和管理政策，以及企业所履行的社会责任，有利于企业塑造独特而有吸引力的形象①，并做出区别于竞争对手的承诺。

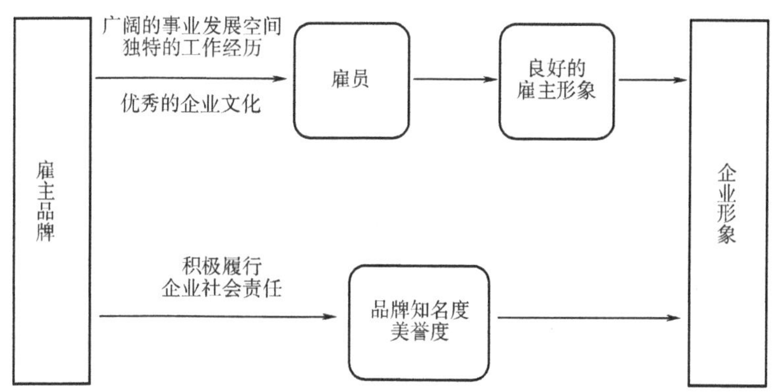

图3－1　雇主品牌对企业形象的积极意义

从雇主品牌的概念来研究，雇主品牌以雇主为主体，以雇员为载体，通过向雇员提供广阔的事业发展空间、独特的工作经历和优秀的企业文化等②，使公司在潜在雇员、在职雇员和离职雇员心中树立了一个相对固定的良好形象。潜在雇员和已有员工是雇主品牌的消费者，而雇主形象作为

---

① 殷志平．雇主品牌研究综述［J］．外国经济与管理，2007，29（10）：32－38.

② 华艺．基于HR视角的雇主品牌建设［J］．中国市场，2008（22）：43－44.

企业形象的一部分，成为员工与企业品牌之间沟通的桥梁①。因而，良好的雇主形象有助于提升企业品牌，塑造更具独特性和吸引力的企业形象。

企业积极履行社会责任可以作为成就卓越企业形象的又一思路。良好的雇主品牌形象能够促使企业更积极地履行企业社会责任，因而获得品牌知名度和美誉度。雇主品牌和雇主形象的构成要素中包括企业诚信经营、良性竞争和对外部利益相关者社会责任的履行。良好的雇主品牌通过实践和传播企业具体的做法，得到社会公众的广泛了解、熟悉和认可，让企业树立起良好的社会形象和形成品牌美誉度。

二、提高企业经营绩效

营造雇主品牌，有利于提高企业经营绩效。好的雇主品牌通过塑造企业的核心价值观，帮助员工找到忠于企业的意义，员工的敬业度能得到有效提升，而雇主品牌的营造，更加有利于让员工知道企业未来经营的发展方向，让员工明确自己的努力方向，从而为实现良好业绩奠定基础。同时，好的工作环境促进产生组织承诺和组织公民行为，对于提升企业经营绩效也有显著意义。

任何企业都拥有自己的雇主品牌，组织雇主品牌政策信息的传导将直接影响雇员的行为、态度的改变，继而影响员工个人工作绩效，最后影响组织的整体运营状况（见图3－2）。怡安翰威特发布的《2015年中国最佳雇主评选》调研数据显示，企业拥有领先的雇主品牌，能创造比其他企业高四成的利润增长，员工敬业度高出两成，员工流动率则降低近三成，并能有效节约招聘成本。

华信惠悦调研显示，员工的敬业度来自对企业的忠诚度和视线（他们知道怎么做）。当知识型的内部员工对组织所宣传的组织文化及各种业务活动达到切身的认可之后，会同时达到情感上对组织的信赖，从而改变个

① 郑敏．雇主品牌战略研究［D］．上海：上海社会科学院，2008.

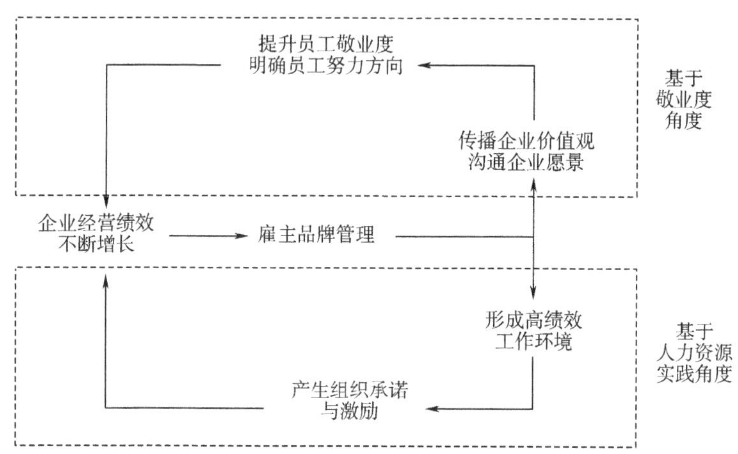

图3-2 雇主品牌对企业绩效的影响

人的工作行为。雇主品牌通过塑造企业雇员更高水平的敬业度并不断指引员工的努力方向，提升员工帮助组织获得成功的动力，最终促使企业绩效不断增长。

有关人力资源管理与绩效关系的研究始于美国，不少研究基本上支持了人力资源管理实践对组织绩效存在积极的影响。休斯里德（Huselid）以企业中的高层人力资源经理为对象，调查了高绩效工作实践的数量和种类，他的研究结论是：高绩效工作实践的数量每增加一个标准差，员工离职率将降低1.3%，企业的销售收入增加27 044美元，人均市值上升8 641美元，人均现金流增加13 814美元。其主要解释是，高绩效工作系统形成的环境令员工满意，产生组织承诺与激励，从而导致较低离职率和良好的市场绩效。

研究人力资源管理实践活动对企业经营绩效的影响，也可以将组织产出作为中间变量。赖特等（Wright et al.，2005）指出，研究人力资源实践影响企业经营绩效的过程，首先要考察人力资源实践的直接结果，即人力资源产出，它包括员工的心理感知与实际行为；然后是人力资源实践的间接影响，即组织产出；最后才是对市场绩效的影响，包括利润等财务

指标。

三、提升客户市场满意度

良好的雇主品牌对于提升企业的客户满意度具有积极意义（见图 3－3）。雇主品牌通过改善员工的工作绩效，为公司在产品市场提供高质量产品或有效服务，从而提升客户满意度，有力地证明了雇主品牌实践的价值。

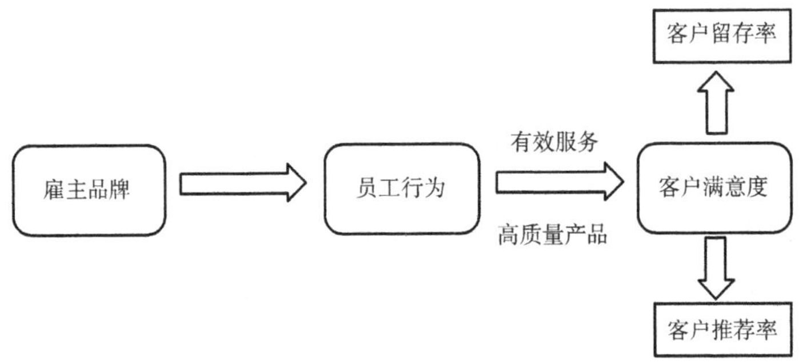

图 3－3　雇主品牌对客户满意度的影响机制

如图 3－3 所示，良好的雇主品牌使员工产生组织认同感，员工通过组织认同形成对该组织的忠诚，从而最大化地发挥自己的能力，为顾客提供优质的产品或服务，最终收获高于同行业水平的客户满意度。美国西尔斯公司的实践经验表明，塑造良好的雇主品牌形象，使得企业员工在服务于客户时，充分让客户感受到出色的客户服务和愉快的购物体验，顾客的需要得到满足，最终实现高水平的客户留存率和客户忠诚度。

贝恩顾问公司在研究企业、雇员和顾客关系时也发现，忠诚度、价值和利润之间存在着种种联系。企业通过塑造良好的雇主品牌形象吸引并留住最佳雇员，即核心雇员。忠诚的核心雇员在工作中将能学会如何改善产品质量和服务质量，这样就能丰富给予顾客的价值内涵并且产生卓越的生产力，因而能培养客户忠诚度。

四、雇主品牌为组织战略提供人才管理策略的支持

雇主品牌是企业长期战略目标的重要组成部分之一，它为组织战略发展提供人才管理策略保障。今天，企业间的竞争由末端的产品竞争变成源头的人才竞争，优秀的雇主品牌吸引优秀人才加盟，并且可以留住优秀的员工，这些人才就是企业的核心竞争力，为企业形成一种强大的凝聚力，是企业最大的财富①。

雇主品牌意味着企业在人力资源市场上的定位，它代表的是公司对内部现有人才和外部潜在人才的“承诺”。常见的雇主品牌类型有平衡型、团队型、目的型、拥有型、精英型和个人型。同时，雇主品牌需要企业长期投入，在组织的不同成长阶段，雇主品牌打造的重心应有所不同。对于创建期和成长期的中小企业来说，雇主品牌的打造应该多注重公司文化、企业制度和工作氛围等内容；对于成熟期的大企业来说，雇主品牌就需要从全面的薪酬福利体系、工作环境、员工职业生涯规划与核心人才培养等一系列建设中挖掘其内在价值，帮助企业打造内外声誉。打造雇主品牌并非一日之功，关键是在企业的成长初期就要开始孵化雇主品牌。

如果企业处于快速发展阶段，那么对企业战略而言，雇主品牌必不可少。因为发展意味着企业必须继续适时雇佣合适的员工从事相应的工作，并留住企业的现有员工。要想不断地招聘与再招聘员工，就要求企业在市场上享有一定知名度，用以支持企业继续发展的愿望。雇主品牌有助于企业阐明随着企业的每步发展，哪些东西会改变，哪些东西不会改变，企业发展对那些选择为企业工作的人而言意味着什么。

如果企业处于收缩期，那么对企业的稳定策略而言，雇主品牌必不可少。在企业经历重大动荡的时候，雇主品牌能够为员工提供某些他们希望保持的东西。企业面临挑战时，企业与员工间的情感联系将会经历考验。

---

① 郑敏．雇主品牌战略研究［D］．上海：上海社会科学院，2008.

如果企业正经历变革，在考虑或寻求新的战略，雇主品牌为企业员工提供了焦点。雇主品牌是企业员工的试金石，因为每天的行动都可以用来检验他们与企业建立情感联系的意愿。有效的变革管理的最重要部分在于有效的稳定管理，在员工适应需要改变的事情的时候为他们提供保护。企业希望员工如何改变？员工会在情感上对此做出反应，在这个过程中，雇主品牌能够为员工提供这种情感依靠。雇主品牌能够帮助员工一起愉快地挥别昨天，热诚地接受共同的未来设想。

第二节　建设雇主品牌，推动企业人力资源管理实践

一、提升招聘市场竞争力

雇主品牌作为企业外部营销的重要内容，帮助企业在越来越激烈的人才竞争战中脱颖而出，企业通过宣传其企业形象、企业文化、工作环境、社会声誉等内容，让求职者在薪酬之外获得更多择业比较，具有优秀雇主品牌的企业因此获得更多人才的青睐。

处于同一产业的企业，由于业务体系、人力资源管理特别是薪酬水平等方面高度同质化，要在人才争夺战中脱颖而出，无疑面临更大的挑战。如何帮助企业建立兼具吸引力和区分度的形象是雇主品牌所要研究的基本问题之一。巴伯（Barber）通过研究发现，在企业早期招聘阶段，潜在求职者会为未来的考虑罗列出大量可能的工作、组织，并且只对搜集选项中某些特定的企业有深入了解。企业通过打造雇主品牌，将企业形象、企业文化和工作环境等内容传播给潜在雇员，雇主品牌作为一种薪酬之外的竞争力影响着求职者的态度和行为。借鉴营销领域的自我—产品形象匹配理论，求职者为充分发挥自身价值，将自我形象与理想雇主形象相匹配来选择能满足其自我提升和自我一致性需要的雇主，通过进行个人—组织匹配来决定最终的求职选择（梁钧平、李晓红，2006）。

如图 3－4 所示，求职者在面对市场上众多招聘企业时，对各家企业的信息掌握往往较为欠缺，企业通过宣传其企业形象和企业文化来开展外部营销，利用各种形式的招聘活动将雇主形象深入到求职者的选择动机中，求职者通过比对已有信息中个人—组织适配度来做出最后的就业选择，同时，企业也会因为最大限度做到组织—个人匹配而获得最大的人力资本回报。

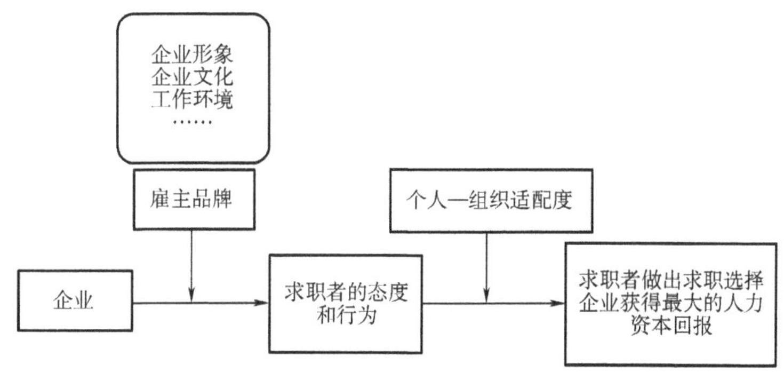

图 3－4 雇主品牌对企业和求职者的影响机制

为了吸引潜在员工，企业应对求职者的择业倾向与心理进行研究，并尽可能地了解哪些因素会对潜在员工的求职意愿产生积极的影响，以便找到雇主吸引力的构成要素。如果企业成功提升了自身的雇主形象，就会使潜在雇员产生个人—组织适配感，进而产生求职意向并做出决定，这样企业就能成功地感召和吸引潜在员工。

二、降低企业人力成本

雇主品牌作为企业竞争力的一部分，对于降低企业成本具有极大的积极意义。企业通过建设雇主品牌提升吸引力，从而更高效地招募到企业所需人才，帮助企业降低招聘和后续培训费用。同时，对于内部已有人才，雇主品牌通过提高雇员满意度和忠诚度降低员工离职率，从而降低优秀人才流失所带来的人员重置成本，如图 3－5 所示。

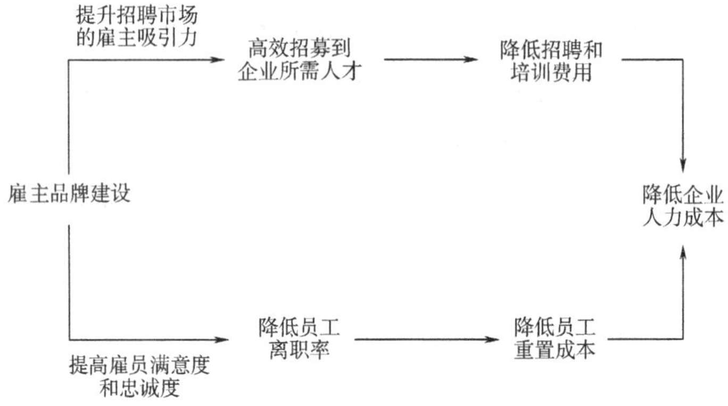

图 3－5　雇主品牌对降低企业成本的积极意义

在招聘的早期阶段，潜在的求职者对企业和职位的信息只有初步了解，这些对雇主的最初印象将在很大程度上影响求职决策。企业通过招聘宣传活动发出信号，告诉求职者“这是一个好的雇主”，求职者根据信号产生对企业雇主品牌的感知，进而产生求职倾向，这可以为企业带来正效用。另外，招聘宣传活动的成本由企业承担，带来负效用。因此，相比于市场上其他雇主需要投入更多精力和成本组织各类招聘活动，好的雇主由于其雇主形象良好，在招聘市场更具吸引力。同时，雇主品牌向潜在的应聘者传递企业的组织文化和核心价值观以及遴选人才的标准，从而屏蔽掉一些虽有胜任能力但与企业的价值观不一致的人才，减少因错误选择给企业造成的损失（卿涛等，2006）。由于付出的成本相对较低，好的雇主能够以更低成本达到更好的招聘效果。更适配的人才也减少了企业后续的培训费用。

在内部已有人才的保留方面，由于雇主品牌在心理契约和企业承诺方面具有优势，内部核心员工的工作满意度和忠诚度都显著高于其他企业，怡安翰威特 2015 年发布的最佳雇主数据显示，拥有良好雇主品牌企业的员工敬业度水平一直呈上升趋势，从 2013 年调研时的 85% 增加到 2015 年

的88%，但市场平均的敬业度水平比往届有所下降，从2013年的66%降至2015年的63%。因此，相对于其他企业，拥有良好雇主品牌的企业员工离职率也相对较低，核心员工流失给企业带来的重置成本也较低。

Ibid在雇主品牌调查中，对雇主品牌给企业带来的潜在利润价值进行了统计。发现无论是在美国还是在英国等欧洲国家，优秀雇主在降低招聘成本、保留优秀员工、提高员工对企业的信任加强员工对组织目标的承诺以及提高顾客对企业的认可度方面，都有很高的实际作用。万宝盛华在2009年发布的雇主品牌研究报告中指出，拥有良好雇主品牌的企业能够有效减少企业为吸引新员工付出的成本。优秀雇主品牌的组织相比于较差雇主品牌组织，能够减少10%左右的成本投入。

三、规范员工组织行为

成功的雇主品牌不仅可以激励员工对工作更加投入，更有利于进行企业与员工的目标管理。雇主品牌能够协助组织评估雇员期望，帮助员工通晓组织愿景，使员工的努力方向与组织目标相一致。不同于公司制度和绩效考核约束，雇主品牌通过营造全面管理和自我管理的组织环境，使得员工在认同雇主文化所包含的内在意义后，形成自身对于组织环境的再塑造与修复，进而触发组织行为，如图3－6所示。

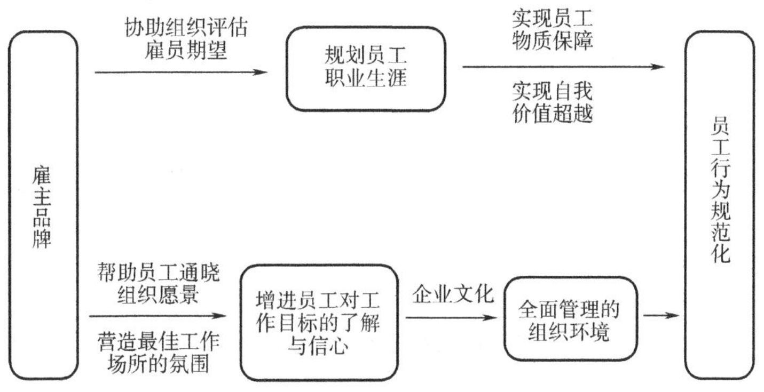

图3－6 雇主品牌能够规范员工组织行为

良好的雇主品牌是沟通组织目标与员工目标的双行道。雇主品牌对于员工的工作投入具有激励作用，但是如果员工努力程度与组织目标不一致，就会出现事倍功半的结果，不仅会浪费企业的发展机会，还会对员工的进一步工作投入产生负面的抑制作用。之所以强调目标管理的重要性，原因在于：首先，雇员的目标是在工作投入之前就已经产生和规划好的，它是实现雇员内心诉求的行为指示；其次，企业需要将组织战略贯穿到每一个员工的工作内容和工作责任之中，通过自上而下的指导和自下而上的努力实现组织目标。要想使雇员与企业的目标相统一，目标管理还需要组织将员工目标汇总，将个人利益与组织利益相协调，回馈与修正组织的总目标。真正做到将员工与组织绑定，组织目标通过个人自我实现而实现①。

（一）雇主品牌协助组织评估雇员期望

良好的雇主品牌可以为员工制定职业生涯规划，向员工呈现工作机会、工作挑战和晋升空间的事业蓝图，让员工既能在组织中得到物质保障，又能在工作中实现自我价值的超越。雇主与雇员的有效沟通，可以让组织评估雇员的期望，并通过目标协调确定职员的事业发展通道。

（二）雇主品牌帮助员工通晓组织愿景

雇主品牌可以传播企业的价值观、企业文化、企业战略目标等一系列组织愿景，淡化由下对上的信息不对称，加强员工对企业的了解和信心，不仅让员工知道工作目标，更让员工通晓工作背后的意义及连带价值，让员工有动力投入工作。

良好的雇主品牌能够营造特定的组织环境，规范员工行为标准。雇主品牌是组织的拟态环境，即企业通过组织文化、组织愿景、价值观、制度的对内传播，在组织中营造的工作氛围，它是现实的客观环境与雇主主观的理想化环境的融合。皮埃尔等认为，雇主品牌是通过一系列的努力将企业描述成最佳工作场所。伯纳德和理查德（Bernard & Richard）提出："雇

---

① 德鲁克．管理的实践［M］．北京：机械工业出版社，2006.

主品牌不仅对外可以打造雇主的形象与声誉，吸引人才；更为重要的是它对内为企业各个层次的管理提供了制度保障与环境营造。”因此，雇主品牌为雇员的行为管理提供了组织环境。

不同于依靠公司制度和员工绩效考核让员工被动地参与组织纪律和奖惩系统，随着雇主品牌的实践，一种全面管理、自我管理的观点开始在企业管理中显现。理查德认为，雇主品牌形成了一个员工全面管理的指导系统，它通过企业文化和制度塑造员工行为，保证在企业管理运营的每个节点的员工都能够遵循企业精神，进而实现雇员预期行为的标准化、企业化。因此，雇主品牌营造了组织环境，并使得员工在认同雇主文化所包含的内在意义后，形成自身对于组织环境的再塑造与修复，进而触发组织行为。

雇主品牌对于员工行为管理的意义在于，企业不再单纯依靠制度与绩效约束员工行为，而是通过组织文化和环境让员工主动地自我控制，自律地达到组织要求的行为准则。由此，员工行为规范的目的也从本质上得到了改变，以往的员工行为约束是以奖惩为目的的，而雇主品牌营造的自我管理是以雇员的预期行为更加符合雇主期待为追求的。

四、提高员工忠诚度和敬业度

员工的忠诚度直接影响企业的生产效率，而雇主品牌是一种社会过程，一种用来改变员工，使其具备良好的工作态度，如组织承诺、工作投入、工作满意等的社会过程，因此，良好的雇主品牌能显著提升员工对企业的忠诚度。此外，雇主品牌开发的初衷就是希望雇主品牌产生种种心理效应，目的是更好地吸引雇员，提高雇员忠诚度，表达的是企业对雇员期望和要求的承诺。

调查表明，全球63%的人力资源管理专业人士认为雇主品牌能够帮助企业提高员工稳定率①。很多学者的研究表明，发展机会、有意义的工作、

① 利比·萨廷，马克·舒曼，等. 雇主品牌［M］. 邱绪萍，译. 北京：华夏出版社，2008.

工作参与性和实现差异化的机会比金钱更重要。而高水平的员工参与、基于奖励原则的绩效管理、较多的专业能力发展和升迁机会、管理层对员工的真诚和关爱等都是最佳雇主的普遍特征（Lopus & Murray，2001）。

从员工激励角度出发，对有才能的员工来说，激励性工作环境、合适的工作文化以及工作与生活的平衡比金钱更重要（Simon，2000）。优秀的雇主不仅能吸引优秀的员工加盟，还能使他们真正认同企业，长久地留在企业，付出额外的努力促进企业的成功（陈维政）。员工和企业之间存在社会交换关系，优秀的雇主就是那些员工—组织关系保持健康平衡的企业。员工—组织关系诊断模型可以帮助企业分析和诊断员工—组织关系，有的放矢地进行关系改进和提升，提升雇主品牌。员工—组织关系是组织对员工的投入与员工的回报之间的社会交换关系，既包含经济性的交换，也包含非经济性的交换，如行为、情感等的交换。当员工觉得企业对自己的投入大于或等于对企业的回报，同时企业也觉得得到的回报大于或等于自己的投入时，员工—组织关系才是健康平衡的，才能使企业持续稳定地发展。企业人员管理的根本任务就是了解员工对投入的期望、合理塑造员工的期望以及提供恰当的投入，使员工与企业实现共同发展。当员工—组织关系状况较好时，员工的满意感较高，企业绩效也较好。上述员工—组织关系理论可以用图 3－7 表示。

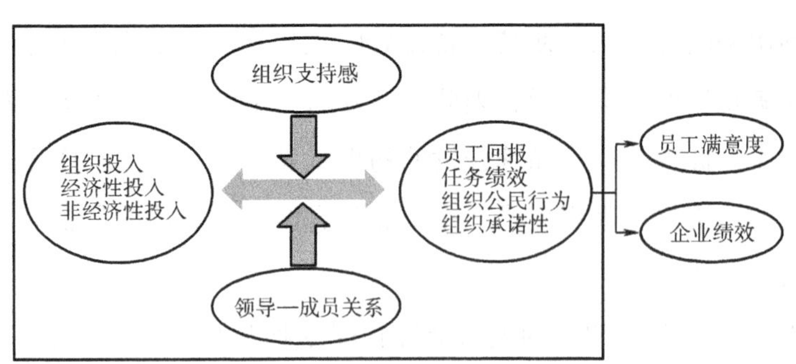

图 3－7 员工—组织关系理论示意图

要了解一个企业的员工—组织关系如何，需要调查企业对员工的投

入、员工对企业的回报、员工对企业的支持，感知企业的领导—成员关系、员工满意感和企业绩效。笔者运用图 3 – 7 所示的模型在 JS 公司进行了探索性调查研究。调查结果对提升雇主品牌的启示如下：员工感受到的投入才会有回报。当对员工进行投入时，要让他们充分了解投入的指导思想、原则和具体实施情况，积极塑造员工对公司投入的期望，让他们在沟通和宣传中充分体会到企业对他们的投入；关怀要从面到点，需要针对员工个体，特别是关键员工，制订个性化的员工—组织关系动态管理策略。企业对员工的关怀在逐层的沟通中逐渐消失，因而越是基层的员工，越感受不到企业对他们的支持，对企业的回报相应较少，工作满意感也较低[①]。

第三节 打造雇主品牌名片，打赢人才争夺战

一、外部人才识别雇主独特形象

雇主品牌不仅涉及雇主与员工之间的关系，更涉及企业外部人才对于雇主形象的综合认知感受。对招聘市场的求职者而言，通过接受企业所传达的雇主品牌的功能性利益和象征性利益，产生对雇主品牌的联想，进而塑造出对雇主形象的认知。雇主吸引力作为雇主形象的直接表达，可以帮助企业外部人才识别雇主独特而有吸引力的形象，为他们做出求职选择提供重要依据，如图 3 – 8 所示。

从企业招聘的对象进行研究，求职者对于求职选择的一个重要衡量指标即关注招聘市场上各企业的雇主吸引力。以雇主吸引力作为中介变量，求职者通过对雇主所传达出的雇主吸引力来对雇主形象和雇主品牌做出联想，进而做出求职选择。因而雇主可以通过打造其雇主品牌，利用雇主吸引力招募到合适的员工，即形成企业在招聘市场的核心竞争力。

---

① 陈维政，吴继红，龚沛．诊断员工—组织关系提升雇主品牌［J］．生产力研究，2007（5）．

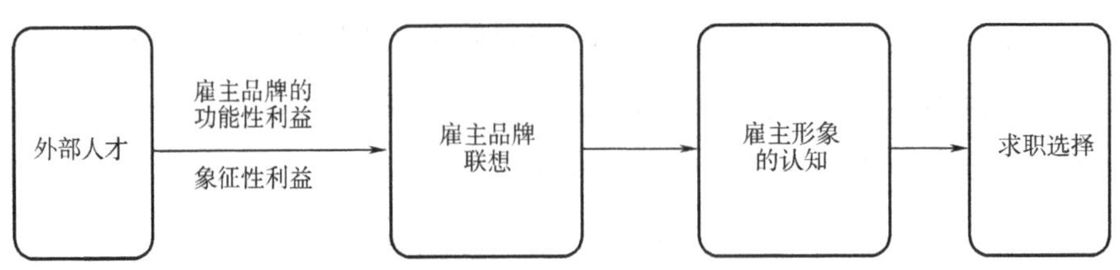

图 3-8　雇主吸引力作用机制

尤英等在应届毕业生求职意向影响因素调查中发现，包括兴趣价值、社会价值、经济价值、发展价值和应用价值在内的雇主吸引力对毕业生择业起到重要作用。

对于有工作经验的再次求职者，我国学者殷志平归纳出针对再次求职者的社会价值、名誉价值、环境价值、发展价值和心理价值的五个雇主吸引力维度，这一研究结果丰富和发展了尤英等的发现。一些学者对知识员工眼中的雇主品牌吸引力因素进行了探讨。赫尔曼等（Herman et al., 2000）提出知识员工选择雇主的八项评价因素为公司声誉、公司文化、开明的领导、人性化的待遇、职业成长机会、有意义的工作、补偿和利益。其中，知识员工视成长机会、有意义的工作为更重要的因素。金尼尔等（Kinnear et al., 2000）发现，职业发展机会、挑战性工作环境、个人培训与发展机会和绩效工资是影响知识员工忠诚度的关键因素。这些文献表明求职者更为看重的因素是个人的职业发展和成长机会。

而雇主品牌的功能性和象征性利益正好体现了关于雇主吸引力的这些维度。雇主品牌的功能性利益描述了雇佣关系的一些客观描述的要素，如薪水、福利、晋升机会等。象征性利益涉及对组织声誉的认知、对企业文化的体会和对工作环境的联想等方面。在人员招募时，潜在申请人在他们相信企业渴望得到符合雇主品牌属性的员工，以及企业加在这些属性上的相对重要性时，会被组织所吸引。

二、内部员工提升工作体验

企业雇员一旦被企业给予充分的信任与尊重，在物质条件尽可能被满

足的条件下，在良好的人际环境和成长机制中，将会对企业产生强烈的归属感、认同感和责任感，从而大大增加敬业度和忠诚度，使个人努力方向与组织目标相一致。这样的雇主形象正是雇主品牌建设的最终成果，因而，内部员工在良好雇主品牌的作用下会显著提升工作体验和工作投入。

从员工心理状态或认知状态讲，工作投入是指个体心理上对目前工作的认同及其对工作表现出的重视，并积极主动参与工作。从员工工作绩效角度分析，工作投入是指个体对自己工作绩效的强烈责任感和承诺意愿，认为工作绩效的优劣与自身关系重大。员工工作体验定义为员工对于企业给予的报酬所产生的情感体验，员工工作体验既包含经济性报酬，也包含非经济性报酬。

雇员工作体验的影响因素与雇主品牌密切相关，而由雇主品牌所增强的雇员工作体验又拥有巨大的潜力来驱动员工在心理、精神和行为方面主动地投入工作。由此，我们可以将由雇主品牌塑造所直接影响的员工工作体验与间接影响的员工工作投入，看作员工在特定组织环境中的投入与产出的过程，如图 3－9 所示。

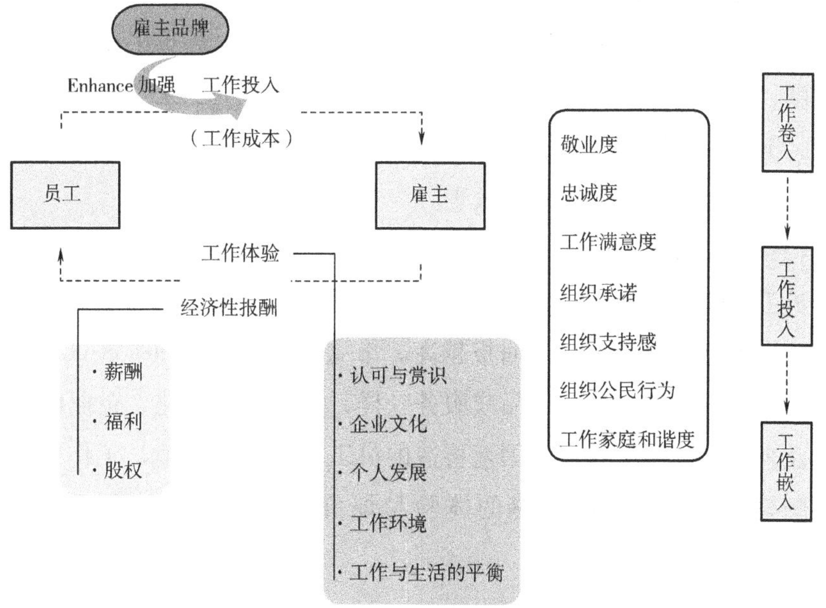

图 3－9　雇主品牌对员工工作体验的影响机制模型

由左至右分析以上模型，可以看出，在组织内部，员工的工作投入与所获得的总体报酬形成了组织内部的需求与供给。员工投入工作状态，就会产生经济行为，为企业提供脑力劳动和体力劳动，并产生工作成本。雇主利用员工生产的产品与服务在市场中的价格差获得利润，员工则获得工作体验。

在模型分析中，如果将员工所获得的工作体验视为自变量，将员工工作投入程度视为因变量。那么，我们就可以清晰地看出雇主品牌在整个组织行为循环系统中所起到的作用。

（一）员工的工作体验与雇主品牌正相关

英国曼彻斯特商学院的加里·戴维斯（Gary Davies）指出，雇主品牌的建立能带给雇员感知企业工作环境的差异化、企业吸引力、企业满足感和组织忠诚度这四个维度的工作体验。工作体验的非经济性测评方面一般包括员工的被认可与赏识、企业文化、个人发展、工作环境和工作与生活的平衡五个部分。

（二）工作体验的增强推动了员工的工作投入

不同行业的大量的理论分析和实证研究均表明，员工工作体验与员工敬业度、忠诚度、工作满意度存在正相关的关系。员工工作的敬业度、忠诚度、工作满意度、组织承诺、组织支持感、组织公民行为和工作家庭和谐度正是员工工作投入的外化表现。

（三）员工工作投入与经济回报正相关

员工工作投入越高，发挥个人能动性越强，劳动生产率越高，雇主使用劳动作为生产要素的经济回报越高。昂克尔斯等（Uncles et al.）认为，员工工作体验就像企业的产品或服务一样，是由企业文化、企业政策与制度以及企业管理流程等主导因素再造的员工对于工作环境、工作内容、薪水报酬等的满足感或舒适感的体验与评价，评价越高，员工工作投入越高。

第四章

雇主品牌的理论基础

第一节　人力资本理论在雇主品牌中的应用

一、人力资本理论的产生与发展

（一）人力资本的概念

人力资本（Human Capital Management）理论最早起源于经济学研究。20世纪60年代，美国经济学家舒尔茨和贝克尔创立人力资本理论，开辟了关于人类生产能力的崭新思路。该理论认为，物质资本指物质产品上的资本，包括厂房、机器、设备、原材料、土地、货币和其他有价证券等；而人力资本则是体现在人身上的资本，即对生产者进行教育、职业培训等支出及其在接受教育时的机会成本等的总和，表现为蕴含于人身上的各种生产知识、劳动与管理技能以及健康素质的存量总和。

人力资本相对物质、货币等硬资本具有更大的增值空间，特别是在当今后工业时期和知识经济初期，人力资本将有着更大的增值潜力。这是因为，作为“活资本”的人力资本，具有创新性、创造性，具有有效配置资源、调整企业发展战略等市场应变能力。对人力资本进行投资，对国内生产总值的增长具有更高的贡献率。

（二）人力资本理论

人力资本理论主要包括：人力资源是一切资源中最主要的资源，人力资本理论是经济学的核心问题；在经济增长中，人力资本的作用大于物质资本的作用。人力资本的核心是提高人口质量，教育投资是人力投资的主要部分。不应把人力资本的再生产仅仅视为一种消费，而应视为一种投资，这种投资的经济效益远大于物质投资的经济效益。

人力资本理论突破了传统理论中的资本只是物质资本的束缚，将资本划分为人力资本和物质资本。这样就可以从全新的视角来研究经济理论和实践。

（三）人力资本投资的概念与特点

贝克尔在其著作《人力资本》中这样描述："人力资本投资是所有通过增加人的资源，影响未来货币与心理收入的活动。"这一提法得到了学术界的广泛认同并沿用至今。企业人力资本投资则是指以企业为投资主体的人力资本投资行为，即企业通过对人力资本所有者进行投资，以获得预期收益的行为。

企业人力资本投资的特点表现在三个方面：①从投资目的来讲，企业人力资本投资是一项有目的的经济活动，投资的目的在于用现在的投入换回未来的利益；②从投资内容上讲，企业人力资本投资既有物质形态，也包括非物质形态；③从投资结果来讲，在人力资本上投资与否对企业绩效有不同的影响，而企业采用不同的人力资本投资策略，也必然会带来不同的投资效果。

二、雇主品牌建设是一种人力资本投资

雇主品牌的实践是以人力资本能够给公司创造价值的假设为基础的，并且通过良好的人力资本投资，组织绩效能够被提升。资源基础观（Resource－based view）支持这一观点，资源基础观提出一个企业特有的资源能够维持组织的竞争优势（Barney，1991）。可以证明，有限的、有价值的、不可替代的、难以模仿的资源使得企业走在竞争者的前面。我们一般将工厂、机器、资金作为创造竞争力的资源，人力资本也是创造竞争力的重要资源（Priem & Butler，2001）。例如，只有高胜任力的劳动力使用先进的设备和技术，才能够创造竞争力。

雇主品牌的建设实质上是一种人力资本投资的策略。企业人力资本投资的形式包括很多，但大体上可以分为两大层面：一是人力资本的获得投资；二是人力资本的发展投资。所谓人力资本的获得投资，是企业通过招聘等方式从社会中获得企业所需要的人力资源。人力资本的发展投资则是企业对现有的人力资源通过培训等方式进行的投资。雇主品牌建设还体现

了这样一种管理理念：企业关心员工→员工为企业提供优质服务→企业获得充足的利润，即“最佳雇主＝最佳员工＝最佳绩效”。雇主对员工的关心与尊重实质上是雇主对员工的投入，这种投入具体体现在雇主为员工提供的有竞争力的薪酬、优越的福利、学习与成长的机会、舒适便捷的办公环境等。其根本目的在于通过对员工的投入交换良好的绩效、敬业精神等，最终达到提升企业绩效的目的。

雇主品牌外部市场能够将企业塑造成作为雇主的最优选择，从而吸引最好的雇员。品牌特点的辨别性可以让企业取得特别的人力资本是这个假设的基础。进一步地，一旦新成员被品牌所吸引，他们会产生与企业雇佣关系有关的一系列设想，他们将这些设想带入企业，因而支持企业的价值观并强化他们对企业的承诺。

雇主品牌内部市场能够帮助建立难以被其他企业效仿的劳动力资源。通过系统地围绕组织目标，向员工展示雇主品牌的价值定位、塑造组织文化，使企业达到一个聚焦于商业运营的文化。例如，西南航空公司建立了一个其他竞争者难以效仿的杰出的工作场所。然而，这个与众不同的，甚至独一无二的工作场所只有当它十分牢固和持久时，才能成为竞争优势的来源。如果竞争优势来源不持续，也不会成为竞争优势（Barney，1991）。在帮助建立难以复制的劳动力竞争优势的同时，雇主品牌内部市场也有助于员工的保留（Ambler & Barrow，1996），它通过品牌强化高质量雇佣关系，从而让雇员愿意留在组织中工作。

三、提高雇主品牌建设投资收益率的建议

（一）准确定位雇主品牌

定位雇主品牌，应当首先理清企业战略，发掘驱动战略目标实现的关键成功因素，通过对关键成功因素的分析识别企业的核心人才。接下来，应当考虑的是核心人才的关键需求，也就是他们工作的主要驱动力。在这一环节，企业可以运用一些市场调研的技术挖掘核心人才的关键需求。雇

主品牌定位不仅需要基于核心人才的关键需求，还应当结合企业的价值观以及管理现状，确保定位的可行性。品牌定位的结果是确定区别于竞争对手的雇主品牌个性。借鉴品牌个性的概念，本书认为，雇主品牌个性就是该雇主能够为员工提供区别于竞争对手的独特价值。雇主可以用简洁的语言将雇主品牌个性加以提炼，比如，微软的“天才实现影响世界梦想的自由天地”，麦肯锡的“为著名机构提供智慧的经营俱乐部”等，这些雇主品牌个性表明了雇主的品牌定位，对目标人才具有吸引力，也符合企业的价值观以及管理现状，具有可行性。

（二）“内外兼修”，全面建设雇主品牌

要提高投资收益率，企业就不应割裂内部品牌和外部品牌之间的关系，而须“内外兼修”，全面建设雇主品牌。

第一，外部品牌的建立，即雇主在潜在员工中树立品牌。通过“最佳工作场所”形象的塑造吸引目标人才，实质上是企业对人力资本的获得投资。企业应当在招聘活动中塑造雇主品牌，传播雇主品牌价值。例如，一些以在校大学生为潜在人才的企业，可以通过积极开展校园公关活动、宣讲会、“实习生计划”等，提升在潜在人才中的雇主知名度和雇主形象。宝洁公司在国内知名高校中设立“宝洁菁英俱乐部”就是一个典型的成功案例。

第二，内部品牌的建立，即在现有员工中树立品牌。在企业内部营造一个宽松、和谐、育人为本的环境，改善员工—组织关系，提升员工忠诚度与敬业度。在建立内部品牌的过程中，企业应当更加注重为员工提供学习与成长的机会，帮助员工开展职业生涯规划，培植尊重人才的企业感情文化，通过工作轮换等方式让工作更具乐趣和挑战性，关注员工工作—生活平衡，增强员工的凝聚力和敬业精神，最终达到提高企业绩效的目的。

（三）建立实时有效的沟通机制

首先，通过沟通，有效管理员工对组织的期望。雇主品牌管理不仅需要了解员工的期望和需求，更需要积极塑造员工对组织的期望。沟通可以

增进员工和组织的双向理解和相互体谅。组织应利用各种机会与员工进行有效沟通，了解员工的需要，促进思想、观念的交流和共享，将企业的战略目标、文化价值观明确地传达给员工，让员工明了企业鼓励什么、支持什么；通过沟通及时反馈员工的绩效表现以及企业的经营业绩，建立起员工—组织的利益共同体，赢得员工对雇主品牌创立的支持。将企业的发展目标与员工的期望统一起来，建立起员工—组织的利益共同体，合理塑造员工对组织的期望。

其次，通过沟通，提高组织投入的有效性。组织的高投入未必能换来员工的高回报。因此，雇主在提供雇主品牌价值的过程中，必须通过有效的沟通和宣传让员工感受到组织对他们的尊重和关怀，让员工体会到组织的投入。这就要求雇主在沟通方式上更加注重行为沟通，即企业领导者言行应该一致，主要体现在对承诺的兑现上。雇主只有通过承诺—践诺—新承诺的循环，才能赢得员工对雇主的信任和支持，实现对员工的持续激励，提高投入的有效性。

最后，通过沟通，促进管理现状的改良和创新。沟通可以使企业及时发现问题和解决问题，促进企业改进管理。增进上下级之间的沟通，尤其能提升员工对决策的满意度，增强员工参与的积极性，提高员工执行决策的效力，营造良好的组织氛围，从而促进管理现状的改良和创新。

第二节　雇主品牌与心理契约理论

心理契约理论和它对雇员组织关系的影响为雇主品牌提供了理论基础。在传统的雇员与雇主间的心理契约概念中，雇员承诺对组织忠诚以换取有保障的工作（Hendry & Jenkins，1997）。然而，企业精简、外包、灵活的趋势，促使心理契约产生一种新的形式，即雇主通过培训与开发为雇员提供市场上有应用价值的技术作为工作努力的交换。即使一些企业对这种新雇佣关系情况持否定态度，它们还是利用雇主品牌去宣传企业提供的福利，包括培训、职业机会、个人成长和开发。总的来看，很多企业已经认识到提供这些东西非常重要，所以雇主品牌运动可以被设计用来改变企业的价值观。

一、心理契约理论的产生与发展

心理契约是美国著名管理心理学家施恩（E. H. Schein）正式提出的。他认为，心理契约是“个人将有所奉献与组织欲望有所获取之间，以及组织将针对个人期望收获而提供的一种配合”。虽然这不是有形的契约，但却发挥着有形契约的作用。企业清楚地了解每个员工的需求与发展愿望，并尽量予以满足；而员工也为企业的发展全力奉献，因为他们相信企业能满足他们的需求与愿望。其可以描述为这样一种状态：企业的成长与员工的发展虽然没有通过一纸契约载明，但企业与员工却依然能找到决策的各自“焦点”，如同一纸契约加以规范。这就是说：企业能清楚每个员工的发展期望，并满足之；每一位员工也为企业的发展全力奉献，因为他们相信企业能实现他们的期望。

“心理契约”是存在于员工与企业之间的隐性契约，其核心是员工满意度。如果将员工的任务分为封闭式和开放式，将雇主提供的报酬分为短期和长期，我们也可以发现四种类型的心理契约：交易型，有详细的任务，雇主提供短期报酬；过渡型，没有详细的任务，雇主提供短期报酬；平衡型，任务非常详细明确，而且雇主提供长期报酬；关系型，任务不明确，但雇主提供长期报酬。一般而言，心理契约包含以下七个方面的期望：良好的工作环境，任务与职业取向的吻合，安全与归属感，报酬，价值认同，培训与发展的机会，晋升。

心理契约的主体是员工在企业中的心理状态，而用于衡量员工在企业中心理状态的三个基本概念是工作满意度、工作参与和组织承诺。在企业这样的以经济活动为主的组织中，员工的工作满意度是企业心理契约管理的重点和关键。心理契约管理的目的，就是通过人力资源管理实现员工的

工作满意度，进而实现员工对组织的强烈归属感和对工作的高度投入。因此，企业要想实现对人力资源的最有效配置，就必须全面介入心理契约的EAR循环，通过影响EAR循环来实现对员工的期望。所谓EAR循环，是指心理契约建立（establishing，E阶段）、调整（adjusting，A阶段）和实现（realization，R阶段）的过程。

在E阶段，企业应了解员工的期望，并使员工明确企业及其所在部门的现状及未来几年内的发展状况，从而帮助其建立一个合理预期，促使其趋同预期而努力工作。在A阶段，心理契约建立在对企业未来预测的基础上，当现实与预测产生偏差时，调整不可避免。企业应及时与员工沟通，了解出现的新情况，进行调整。特别是当企业的状况发生重大改变致员工产生剧烈心理波动时，高层的及时沟通能减少员工的心理负担，降低负面影响。在R阶段，企业应及时考察实现程度，了解员工的合理预期在多大程度上已变为现实：工作环境是否如所希望的那样变好了？是否接受了应有的培训？职务变动了吗？薪水提高了吗？哪些期望已经实现，实现的原因是什么？尚未实现是源自员工的能力问题，还是企业方面的原因？这样一系列问题找到答案以后，企业就将随着员工进入下一个阶段的EAR循环。

简而言之，虽然“心理契约”只存在于员工的心中，但它的无形规约能使企业与员工在动态的条件下保持良好、稳定的关系，使员工视自己为人力资源开发的主体，将个体的发展充分整合到企业的发展之中。所以，只有充分把握心理契约，参与员工EAR循环过程的始终，企业才能创造出永远充满活力的组织。

建立企业的“心理契约”，必须以科学的职业生涯管理为前提。企业作为一个经济组织，其成长与发展永远处于一个动态的发展过程之中，在这一过程中，企业人力资源的物理状态和心理状态都处于一个不断变化的过程中。如何保证企业的人力资源有效地长期地为企业的发展服务，而不至于随着企业的变动成长而发生人心离散，是企业人力资源管理的目标，

企业能与员工达成并维持一份动态平衡的“心理契约”是这一目标状态的生动体现。职业生涯管理是美国近十几年来从人力资源管理理论与实践中发展起来的新学科。

达成与维持“心理契约”要有以人为本的企业文化为氛围。健康向上的企业文化能在企业中创设出一种奋发、进取、和谐、平等的企业氛围和企业精神，为全体员工塑造强大的精神支柱，形成坚不可摧的生命共同体。以人为本的现代企业文化，指的是现代企业的文化价值观应建立在注重人的能力充分发挥这一基石之上，企业的一切经营管理活动都围绕如何正确发挥人的能力。这里的能力，特指有益于企业员工的合理生存发展、社会职业活动和社会发展的能力，其精神实质在于倡导企业员工通过充分正确发挥其能力，为企业多做贡献，实现个人的社会价值。现代企业理论认为，企业员工把自己的工作自由与权利交给企业安排，是因为他们相信企业能实现他们的愿望，能提供与工作绩效对称的发展。否则这种平衡是不能维持的。建设以人为本的企业文化，实现人尽其能，人尽其用，高效开发员工的能力与潜力，无疑会给达成与维持“心理契约”创设良好的氛围、空间，增强员工努力工作的热情与信念，激发企业与员工共同信守“契约”所默示的各自对应的“承诺”。因此，这种企业文化的建设，要求企业及其管理者为员工的能力发挥提供良好的制度保障、有效的机制、正确的政策和宽松的企业氛围，换言之，它要求建立一个以能力发展为价值导向的企业经济体制及其运行机制；还要求每个企业员工把能力最大限度地正确发挥作为自己价值追求的主导目标，并积极为此而努力。在这种文化之下，企业领导与员工上下同心，使经营理念得以落实、共识得以建立，公司使命得以实践，实现人与事的理想结合。

建立“心理契约”要认识到员工的特定需要和有效激励方式。激励的形式分为精神的和物质的。精神激励用以满足“心理上的需要”，物质激励用以满足“生理上的需要”。由于物质是人类生存的基础和基本条件，衣食住行是人类最基本的物质需要，从这种意义上说，物质利益对人类具

有永恒的意义，是永恒的追求。同时现代心理理论认为，人类的行为是一个可控的系统，借助于心理的方法，对人的行为进行研究和分析，并给予肯定和激励，使有利于生产、有益于社会的行为得到社会的承认，达到定向控制的目的，使其强化，这样就能维持其动机，促进这些行为的保持和发展。

管理柔性化的心理契约，往往产生事半功倍的效果。随着知识经济时代的到来，原来的金字塔式管理所带来的刚性管理，开始柔性化。这其中的原因在于，知识经济时代条件下，劳资双方的关系将发生革命性变化。这是人力资源管理从刚性转向柔化的物质原因。原来的强制与命令越来越难以奏效，越来越难凭借权力维系权威，劳资双方的“契约关系”变得越来越像“盟约关系”。柔性管理本质上是一种“以人为中心”的管理，要求用“柔性”的方式去管理和开发人力资源。在现代市场经济中，企业要使顾客（外部上帝）满意，首先要以员工（内部上帝）满意作为基础和条件。人力资源的柔性管理是在尊重人的人格独立与个人尊严的前提下，在提高广大员工对企业的向心力、凝聚力与归属感的基础上，所实行的分权化的管理。柔性管理的最大特点，体现在它主要不是依靠外力（如上级的发号施令），而是依靠人性解放、权力平等、民主管理等，从内心深处激发员工的内在潜力、主动性和创造精神，使他们能真正做到心情舒畅、不遗余力地为企业不断开拓新的优良业绩，成为企业在全球性激烈的市场竞争中取得竞争优势的力量源泉。对柔性管理进行过深入探讨的郑其绪教授这样概括柔性管理的特征：内在重于外在，心理重于物理，身教重于言教，肯定重于否定，激励重于控制，务实重于务虚。显然，在人力资源管理柔性化之后，管理者更加看重的是职工的积极性和创造性，更加看重的是职工的主动精神和自我约束。

二、雇主品牌与心理契约理论

（一）人才管理与心理契约

企业与员工建立的雇佣关系，不仅仅是劳动价值本身体现的金钱关

系，实际上还有彼此间心理上的承诺和认可。在强调激励和“以人为本”管理理念的今天，员工的心理因素越发为企业管理者所重视。心理契约对人才管理的影响可以从两个方面加以阐述。

一方面，心理契约帮助提升了人力资源管理的效率。随着竞争的加剧，为了在竞争中取胜，员工自动提升了组织对自己期望的感知，因此更加关注工作。而且随着需求层次的提高，员工更加注重自己价值的体现，工作自主性和积极性更高。雇主需要依据员工的需求，制定各项措施，使心理契约朝着有利于企业的方向发展。

另一方面，心理契约也给雇主品牌的塑造带来了挑战。随着内外部环境的变化、组织结构的变革等，组织给员工的承诺很难实现，员工与组织之间的心理契约不断被打破，导致员工对企业的忠诚度有所下降。雇主品牌的塑造就是要协调这种矛盾，帮助员工调整心理契约。另外，由于双方信息不对称，所以心理契约建立初始就存在问题。这对更加合理的沟通机制也提出了挑战。

心理契约是双方承诺的认知，这种承诺感知若被实现，则会激励心理契约的长期维持，加深员工对企业的忠诚度，有利于企业的发展。若这种承诺没有兑现，则会造成心理契约违背，心理契约违背的核心源自意识到被背叛或受到不公正对待而产生的愤怒、怨恨和义愤情绪。这种不满情绪必然会影响工作效率，甚至可能导致离职事件发生。员工与企业虽然存在矛盾，但更多的情况下是互惠互利的。雇主品牌的塑造与传播，核心在于关注心理契约，使心理契约不断达到平衡，把企业变成全体员工的利益共同体，使员工的个人发展与企业的发展紧密结合。

（二）雇主品牌与心理契约

心理契约作为一种新的人力资源管理理念，是一种意识形态的东西。那么，如何将这种思想贯彻到实际的人力资源管理工作中呢？如何通过有效的方式和途径来建立和维护员工的心理契约呢？本书认为，通过建立和维护强有力的雇主品牌，可以维系组织和员工之间的心理契约，从而吸引

和稳定人才，使企业在人力资源方面形成优势，最终在市场竞争中占据先机。

心理契约是一种无形契约，它是组织和员工之间相互的期望和承诺。其内容反映在多方面，如报酬、福利、工作自主性、工作成就感、培训、授权等。在组织的运行和管理中，组织和员工之间都希望各自履行承诺，维护好心理契约。

那“雇主品牌”又是什么呢？“雇主品牌”是雇主对现有员工和潜在人才的“承诺”，体现雇主在人才市场中（或现有员工和潜在员工心目中）的形象。雇主品牌包含外部品牌和内部品牌两个部分。外部品牌就是在潜在的雇员中树立品牌使他们愿意到企业来工作，为企业树立最佳工作地的形象。内部品牌则是在现有员工中树立品牌，它是企业对雇员做出的某种承诺，不仅仅是企业和雇员之间所建立的关系，还体现了企业为现有和潜在员工所提供的独特工作经历。

潜在和现有的雇员的工作过程类似于消费者购买和消费产品。消费者通过付出金钱换取产品以满足特定需求；而潜在和现有的雇员通过付出人力资本（如技能、经验等）换取职位，以满足工作方面的需求（包括心理契约所涵盖的所有内容）。作为厂商，企业需要树立产品品牌，对消费者进行营销；而作为雇主，企业同样需要树立雇主品牌，对潜在和现有的雇员进行营销，确立本品牌对于现实和潜在雇员的承诺，即组织与员工之间的心理契约，以最大化人力资本回报。

亚太地区最大的咨询公司华信惠悦的优秀人才调查（top - performer survey）结果显示，优秀人才最关心的是广阔的发展机会、工作内容能够根据个人的特点和技能进行调整以及工作的价值等。另外，华信惠悦在全球的“卓越雇主调查”中，把卓越雇主的评价标准分为 10 个维度，薪酬、福利、培训/发展、领导力、绩效管理、工作环境、工作满意度、创新、沟通、团队精神等，列出共 80 个问题，整体得分最高的 10% 的企业被归为卓越雇主。从中可以看出，卓越雇主或最佳雇主都以心理契约为理念和指导思想，也就是说，在人力资源管理中，心理契约已上升到事关企业成败的重要地位，如果企业在人力资源市场建立和维护了强有力的雇主品牌，对员工始终如一地履行了自己品牌的承诺（企业和员工之间的心理契约），就能坚定地维护好心理契约，吸引和留住人才，极大地增强自己的竞争实力。

（三）雇主品牌对心理契约的影响

雇主品牌的概念来自市场营销学，产生于20世纪90年代，是品牌概念在人力资源领域的应用。雇主品牌是企业在劳动力市场上的定位。

心理契约是隐性的契约，是一种感知，而雇主品牌是企业属性、名称、历史、实力、人才价值、声誉、雇主形象等因素的无形总和，从某一方面来说，两者具有共通性。正如好的产品品牌拥有更高的消费者忠诚度，优秀的雇主品牌更能吸引和留住优秀的员工。企业建立和维护心理契约就是为了留住优秀的员工，激发员工的工作热情，因此，雇主品牌建设的过程就是心理契约建立和维护的过程。

1. 雇主品牌保证了心理契约的建立所要求的真实性。许多企业在招聘时为了吸引人才往往美化自己的形象。例如，夸大应聘者关心的情况，或者仅仅宣传自己的优势，而对不利于自己的情况只字不提。员工进入企业，发现实际情况与预期不符合后，很容易产生心理落差，影响工作积极性。雇主品牌是为了吸引员工服务于组织而打造的雇主形象，像产品品牌一样，它的品牌本身就是一种承诺，代表企业的声誉，因此，为了避免企业声誉受损，就会向应聘者传达全面的信息，从而有效地避免了信息的不真实性。

2. 良好的雇主品牌可以帮助提高心理契约建立的效率。雇主品牌既是对各种因素的综合，也是对企业自身人力资源优势的准确定位。比起一把抓的招聘，懂得营销雇主品牌的企业知道如何把自己的亮点传达给应聘者，能够更快地使它的亮点与应聘者的期望达成共鸣。另外，雇主品牌本身就是一种广告，它把自己的文化、管理风格等信息传达给求职者，使得

不适应组织的应聘者自动离开，节省了招聘成本，同时吸引到与组织相适应的员工，节省了心理契约维护成本。

重要的是，雇主品牌有利于心理契约的维护。虽然高薪是吸引和留住人才的最常用和有效的方法，但是这种方法极易被竞争对手模仿，最后只能造成人力资源管理成本的提高。有效的心理契约的长期维持，可以避免这种不足，而雇主品牌可以有效地避免心理契约的中断。首先，雇主品牌是一系列的工程，雇主品牌的建设本身就是人力资源管理不断完善的过程，而人力资源管理完善的过程就是增加雇员满意度的过程，实质上就是对心理契约的一种维护。其次，产品品牌可以给消费者带来炫耀的价值，雇主品牌同样给雇员带来这种附加价值。好的雇主品牌给员工带来了更高的社会尊重和地位，可以成为他炫耀的资本，因此，员工在承诺不能被满足时，会权衡这种附加价值，自行调节心理契约。员工离职时，也会考虑这种机会成本，这样就有助于降低离职率。

第三节　品牌资产理论在雇主品牌中的应用

一、品牌资产理论的产生与发展

自从20世纪中叶“品牌”这一概念被正式提出来后，许多专家、学者和机构就对品牌及品牌资产进行了大量的研究。品牌作为市场营销和企业战略中被提及频率最高的词汇之一，其重要性是不言而喻的。它既是企业市场竞争的主要武器，也是顾客选购商品的信心来源。然而学术界及实践者对品牌的定义众说纷纭，还没有形成统一认知。

近20年来，西方理论界和实务界都非常关注有关品牌资产的研究和实践。品牌资产这一概念于20世纪80年代由广告公司最早使用。1994年美国市场营销协会将品牌资产列入其五大研究重点，以促进市场营销学界在该领域的研究。在中国，20世纪90年代以来，随着市场竞争的加剧和

外国名牌产品的大量进入，品牌资产也引起了国内市场营销学界和企业的高度重视。

品牌资产在西方自诞生之日起就没有统一的被广泛接受的定义，存在着不同的概念。纵观国内外学术界及实践者对品牌资产理论的研究成果，可以归纳出三个研究领域。

（一）财务导向理论

沃克·史密斯（Walker Smith，1991）提出，“品牌权益是指由各种成功的营销规划和活动创造的，为一种产品和服务积累起来的在商品和服务贸易过程中可度量的财务价值。”拉金德拉等（Rajendra et al.，1991）认为，“品牌价值是管理层通过采取一系列策略和技巧，利用品牌强势而增加的现在和未来的超额利润，以及风险降低所带来的财务收益。”亚历山大·贝尔认为，“品牌权益是财务人员发明的词汇，用来反映品牌的财务价值。在品牌权益（财务价值）的背后是品牌特许权（brand franchise）、品牌忠诚等概念。品牌权益就是品牌给产品或服务带来的现金流”。英国Interbrand公司执行董事保罗·斯托巴特（Paul Stobart）认为，“关于品牌的一个重要问题不是如何创建、营销，而是如何使人看到它们的成功及在财务上的价值”。苏利文等（Sullivan et al.，1993）在品牌资产驱动因素上，列出了一些对品牌资产有影响的营销变量：广告开支、销售队伍和市场调研成本等。在中国，有的学者认为，从财务的角度，品牌资产可以直接用货币的价值表现，比如为收购品牌而支付的价格。有的学者认为，品牌资产（brand equity）也称“品牌权益”，是指只有品牌才能产生的市场效益，或者说，产品在有品牌时与无品牌时的市场效益之差。

有的学者认为，在中文语境中，通常用“品牌资产”（而不是品牌权益）指代brand equity。有的学者则认为，品牌资产和品牌权益是既有联系又有区别的两个概念：品牌资产是品牌未来的盈利能力的现值（present value），来自消费者的购买偏好，品牌权益是品牌未来盈利扣除掉与品牌相关后的“留存收益”现值；品牌资产 = 品牌负债 + 品牌权益。

（二）竞争导向理论

莱恩等（Lane et al.，1990、1992）在讨论品牌延伸理论时认为，品牌延伸是“将已有品牌名称给新的产品类别使用”，也就是原品牌名称沿用到新的产品类别。他们指出品牌延伸可以抵御竞争对手的侵入，可以提升核心品牌资产，强化企业市场竞争力，还可以有效地降低新产品的市场引入成本。

符国群（2002）认为，品牌延伸是品牌资产利用的重要方式之一，即将著名品牌或成名品牌使用到与现有产品或原产品不同的产品上，它是企业在推出新产品过程中经常采用的策略。总之，品牌延伸提高了品牌的经营能力和扩展能力，品牌资产的大小体现在品牌自身的成长能力、扩展能力上。

罗伯特等（Robert et al.，1994）认为，“品牌资产，包括品牌影响力和品牌价值。品牌影响力是一系列有关品牌客户、渠道成员及母公司的联合行为，它们通常使该品牌拥有一个特定持久的竞争优势。品牌价值是管理层通过采取一系列努力增加当前和未来利益并减少风险的行为，以提高品牌的经济效益”。

麦克唐纳等（McDonald et al.，1998）在讨论品牌竞争力时强调，“品牌的成功源于其在竞争环境下，能持续地保持增加的价值”，“一个成功的品牌能帮助顾客识别产品、服务、人员或地方，把品牌加在产品、服务上，能使购买者最好地满足他们需要的独特附加价值”。麦克唐纳（1996）还认为，创建品牌资产、不断提高品牌产品的附加价值，必须有新的品牌竞争模式：更有效地利用广告手段；追求合理的溢价；要注重品牌的创新等。品牌资产能否持续地保持增加的价值，体现在品牌竞争能力上。

（三）顾客导向理论

凯勒（Keller，1993、2001、2003）从顾客的角度提出了品牌资产概念（Customer - based Brand Equity，CBBE）：因已有的品牌知识影响顾客心智而导致顾客对品牌营销反应的差异化效应。当一个品牌具有积极的以顾客为导向的品牌资产时，它可以更容易使顾客接受一个新品牌的延伸，降低了对价格上涨和广告投入减少的不良反应，或者使顾客更愿意在新的分销渠道中寻找到该品牌。他认为，“品牌资产是指顾客基于自身的品牌知识，而对品牌营销活动所做的差异性反应”。顾客拥有的品牌知识是建立品牌资产的关键。或者可以说，品牌资产是顾客头脑中强烈的、积极的、独特的联想。品牌资产取决于品牌联想的强度、受喜好的程度和独特性，品牌资产最终取决于顾客对它的认知程度。他提出了基于顾客的品牌资产金字塔模型，该模型包括四个部分，即品牌形象、品牌内涵、品牌与消费者的联系、消费者的反应，强调构成一个强势品牌的元素，以及如何建立一个强大的品牌。基于顾客的品牌资产金字塔模型延续和深化了 CBBE 模型，进一步完善了品牌建立的步骤和阶段。这两个模型都从顾客的视角强调了品牌资产的来源，认为顾客的品牌知识导致品牌营销活动差异化，从而形成品牌资产。品牌的顾客价值优势导致顾客产生品牌忠诚是品牌资产的最直接的表现。

阿克（Aaker，1991、1996）从顾客认知的视角提炼出品牌资产的“五星”概念模型，认为品牌资产由品牌知名度（brand awareness）、品牌感知度（perceived brand quality）、品牌联想度（brand association）、品牌忠诚度（brand loyalty）和其他专属品牌资产（exclusive brand equity）五个既有联系又有区别的要素构成。后来又从顾客认知和产品市场两个视角将这五个维度进一步细化，得出十项具体测评指标：忠诚度测量（溢价、满意度或忠诚度）、感知质量或领导能力测量（品质感知、领导品牌或普及度）、联想或差异化测量（价值、品牌个性、企业组织联想）、品牌知名度测量（品牌认知）和市场状况（市场价格和分销区域、市场份额）。

在中国，一些学者从消费者使用和满意度的角度来考察品牌资产。认为品牌资产是给产品带来的超越其功能效用的附加值或附加利益，表现为品牌给企业和顾客提供的价值超越了产品或服务本身。他们认为，消费者对某一品牌的品质认知以及由这一品牌所产生的想象、联想都可能提高消

费者的满意度。这正是因为品牌得到了消费者的认可，产生了吸引力和感召力，使消费者接受并产生消费行为，从而形成品牌资产。

财务导向观认为，品牌资产就是有品牌产品和无品牌产品所产生的现金流的差额；从财务的角度，品牌资产可以直接用货币的价值表现，比如为收购品牌而支付的价格。竞争导向理论认为，品牌资产的大小应体现在品牌自身的成长能力、扩展能力与竞争能力上。品牌资产体现了本品牌产品较竞争对手具有更为持久及差异化优势的竞争效果。顾客导向理论认为，品牌资产来自消费者对品牌营销反应的差异化影响，这种差异化影响取决于由品牌知名度和品牌形象构成的消费者品牌知识，并体现在消费者的感知、偏好和行为上。

迄今为止，绝大多数研究者是从顾客角度来定义品牌资产的。他们意识到：如果品牌对于顾客而言没有价值，那么对于投资者、生产商和经销商而言就没有任何价值了。基于顾客的品牌资产的前提就是顾客所见、所读、所听、所学、所想和所感觉到的品牌力量。基于顾客的品牌资产可以被定义为关于顾客对某一品牌的不同反应。当顾客对产品及其推销方式有积极的反应时，品牌就有了正面的品牌资产，如果一个顾客在相同的情况下，对产品及其推销方式有了消极的反应，这个品牌就被认为有了负面的品牌资产。

这个定义有三个关键点：第一，品牌资产起源于顾客反应的差别。如果没有差别，该品牌的产品就属于一般产品。第二，这些差别是一个顾客关于品牌认知的结果。品牌必须能够使得顾客对品牌有一定的认知，并相信它的强大。第三，构成品牌资产的顾客的不同反应，反映在一个品牌营销各个方面有关的知觉、偏爱和行为上。品牌资产同样具有多维属性，也可以从多角度来加以理解。品牌战略需要考虑品牌资产在财务利润、市场竞争和消费者价值三者之间的内在联系和综合结果。

综上所述，国外有关品牌资产理论的研究框架比较完善，其理论研究的创新始终追随市场竞争态势的变化。近年来，虽然国内一些专家、学者和研究机构对品牌资产理论的研究不断推进，取得了相当成就，但从总体上说，基本上还处于向西方先进理论的学习、消化和吸收阶段，有待进一步深化和完善。我们需要通过大量的实证调查和分析，对品牌资产理论框架和知识体系进行研究论证，从而明确学术研究的必要性和对实际工作的指导性。

二、雇主品牌与品牌资产理论

雇主品牌研究着重探讨企业如何通过树立雇主品牌来吸引、保留目标员工，因此，目标员工的感受是评判一家企业雇主品牌优劣的最关键因素。在本书中，目标员工主要包括两类人群：一类是外部人才市场上的潜在雇员；另一类是已被企业雇佣的员工。外部人才市场上的潜在员工群体并没有受雇于哪一家企业，他们在人才市场上通过各种途径产生的对某些企业的主观认知，以及在参加了一些企业的招聘活动后形成的感受，构成他们对这些雇主品牌的第一次感受；他们一旦被某家企业雇佣，便成了该企业的内部员工，因此他们将对企业人力资源管理的各个环节有更深的认知，如企业对人才的培养水平、企业的绩效和薪酬管理水平、企业的工作内容和环境等。这个过程一直持续到他们最终离开企业。

品牌资产的概念为理解雇主品牌提供了一个补充理论。在市场营销学中，品牌资产价值是指“一系列与品牌相联系起来的品牌资产和负债，它能够增加或减少产品或服务所提供的价值”（Aaker，1991）。消费者品牌资产价值与消费者对品牌认知的影响有关，这种品牌认知基于消费者对产品的市场情况的反应（Keller，1993）。在雇主品牌方面，雇主品牌资产价值适用于潜在雇员与公司现有雇员对品牌认知的影响。雇主品牌资产价值驱使劳动力市场中潜在员工来企业应聘。

更进一步，雇主品牌资产价值应该强化现有雇员的留任和对企业的支持。雇主品牌资产价值应该是雇主品牌活动的理想结果的体现。换句话说，因为强调与这些企业相连接的雇主品牌资产，潜在和现有雇员对不同

企业的相似招聘、选拔和保留会有不同的反应。Pret A Manger 这家位于英国的特殊快餐公司，发起了一项运动，这项运动强化了雇主品牌资产。公司将其产品品牌与雇主品牌联合在一起，以向消费者和雇员强调“激情”的概念。Pret A Manger 通过这一运动收到大量的应聘请求，并且保持了很高的员工保留率。

第四节　市场营销理论在雇主品牌传播中的应用

一、市场营销理论的产生与发展

市场营销观念以满足顾客需求为出发点，即“顾客需要什么，就生产什么”。尽管这种思想由来已久，但其核心原则直到 20 世纪 50 年代中期才基本定型，当时社会生产力迅速发展，市场变为供过于求的买方市场，同时居民个人收入迅速提高，有可能对产品进行选择，企业之间的竞争加剧，许多企业开始认识到，需要转变经营观念，才能求得生存和发展。市场营销观念认为，实现企业各项目标的关键，在于正确确定目标市场的需要和欲望，并且比竞争者更有效地传送目标市场所期望的物品或服务，进而比竞争者更有效地满足目标市场的需要和欲望。

市场营销观念的出现，使企业经营观念发生了根本性变化，也使市场营销学发生了一次革命。市场营销观念同推销观念具有重大的差别。西奥多·莱维特曾对推销观念和市场营销观念做过深刻的比较，指出：推销观念注重卖方需要；市场营销观念注重买方需要。推销观念以卖主需要为出发点，考虑如何把产品变成现金；市场营销观念则考虑如何通过制造、传送产品，以及与最终消费产品有关的所有事物，来满足顾客的需要。从本质上说，市场营销观念是一种以顾客需要和欲望为导向的哲学，是消费者主权论在企业市场营销管理中的体现。

许多优秀的企业都是奉行市场营销观念的。例如，日本本田汽车公司要在美国推出一种雅阁牌新车。在设计新车前，公司派出工程技术人员专程到洛杉矶地区考察高速公路的情况，实地丈量路长、路宽，采集高速公路的柏油，拍摄进出口道路的设计。回到日本后，公司专门修了一条14.5公里长的高速公路，就连路标和告示牌都与美国公路上的一模一样。在设计行李箱时，设计人员意见有分歧，他们就到停车场看了一个下午，看人们如何放取行李。这样一来，意见马上统一起来，结果本田公司的雅阁牌汽车一到美国就备受欢迎，被称为全世界都能接受的好车。

二、市场营销理论在雇主品牌传播中的应用

雇主品牌的建立是一个“栽得梧桐树，引来金凤凰”的过程，同时雇主品牌的主动传播十分有助于雇主形象的建立和塑造，有利于提高企业的社会影响力和好感度。雇主品牌的有效传播是决定雇主品牌价值和品牌文化形成的重要因素。一个好的雇主品牌会时刻致力于向各个接触点传播一致的品牌信息，而现有雇员和潜在雇员对雇主的总体评价和感觉也来自该雇主品牌的传播结果。

从战略层次上看，雇主品牌的传播应该做到内外兼修，要同时涉及对内宣传和对外传播两大重任。否则品牌效应会大打折扣。

雇主品牌的对内宣传可以视为市场营销行为的一种，即主体（营销者）是雇主，客体（顾客）是雇员，主体（营销者）用来满足客体（顾客）的产品就是工作本身，要求企业中的每一个人都具有顾客意识。因为满意的员工产生满意的顾客，所以要想赢得顾客满意，首先要让员工满意。雇主需要做的就是将员工放在管理的中心地位，通过一系列内部营销和激励手段来满足雇员在物质利益、精神追求等方面的合理需求，使雇员对雇主满意，激发雇员的工作热情，培养员工自主自发的服务意识，在实现员工成长的同时实现企业各部门之间的战略协同，提高外部客户的忠诚度和内部员工的满意度并最终实现企业的组织目标。在表现形式上，雇主可以利用企业内部刊物、企业网站、新闻简报、员工意见调查、实习计

划、员工活动、团队拓展等综合手段实现人才的稳定与激励，提升雇主品牌在现有雇员心目中的价值和工作的满意度，提高企业的人才竞争优势，形成快乐工作的氛围，最终形成对雇主的忠诚。

雇主品牌的对外传播，是另外一个重要的层面。雇主品牌对外传播的目的在于建立良好的雇主形象，吸引更多潜在的优秀人才加盟，提高企业的人才竞争力。在对外传播时要善用媒介，可以在网络、专业杂志上刊登介绍公司的软文和招聘广告等。同时，企业还应有效利用“内部员工”这一最佳代言人，他们的现身说法、深刻体验更能生动地让潜在雇员认识到雇主带来的独特工作体验。

从战术层次上来看，在研究雇主品牌的传播方法时，营销学的相关理论给了我们很大的启发，我们可以将营销学中相关理论运用在雇主品牌的传播上，从而对雇主品牌进行有效的推广，让企业在当今激烈的人才市场竞争中赢得先机。

（一）4C 营销理论与雇主品牌传播

1. 4C 营销理论。4C 营销理论由美国罗伯特·劳特伯恩（Robert Lauterbon）教授在 20 世纪 80 年代提出，它确立了消费者为导向的思维理念。4C 理论将行为科学中“人”的内涵充分体现在消费者身上，是完全的以消费者为中心的营销观念，是一种主动创新的营销模式。

4C 营销理论包括消费者（customer）需求、消费者成本（cost to the customer）、方便消费者（convenience）、与消费者沟通（communication）四个要素，其核心是由以生产者为中心转向以消费者为中心，扩大消费者群体和培养忠诚的消费者群体。

（1）消费者需求。企业必须首先了解和研究消费者，根据消费者的需求来提供产品。零售企业直接面向消费者，因而更应该考虑消费者的需要和欲望，建立以消费者为中心的零售观念，将“以消费者为中心”作为一条主线，贯穿于市场营销活动的整个过程。

（2）消费者成本。消费者在购买某一商品时，除耗费一定的资金外，

还要耗费一定的时间、精力和体力，这些构成了消费者总成本。所以，消费者总成本包括货币成本、时间成本、精神成本和体力成本等。

（3）方便消费者。企业在制定分销策略时，要更多地考虑消费者的方便，而不是企业自己方便，要提供良好的售前、售中和售后服务，让消费者在购物的同时享受到便利。便利是客户价值不可或缺的一部分。

（4）与消费者沟通。企业应通过同消费者进行积极有效的双向沟通，建立基于共同利益的新型企业/消费者关系。这不再是企业单向的促销和劝导消费者，而是在双方的沟通中找到能同时实现各自目标的通途。

2. 4C 营销理论在雇主品牌传播中的应用。营销理论中以消费者为导向的 4C 模式用于企业雇主品牌的传播和推广具有重要意义。通过 Customer、Cost、Convenience、Communication 四个方面来研究员工的特征与需求，识别驱动他们的关键因素，提炼出传播雇主品牌的关键路径。

（1）关注员工需求。员工是企业岗位的"消费者"。了解企业所需员工的需求是吸引他们的关键因素。马斯洛的需求层次理论被广泛运用于管理领域，同样，在建设雇主品牌时也要考虑到目标人才需求的层次性，建立雇主品牌中的"消费者心理学"。

（2）考虑员工成本。在人力资源管理中，我们将消费者成本理解为员工为企业付出的成本，不仅包括员工为寻找工作花费的时间与金钱，在工作岗位上所花费的时间即员工为了工作而放弃的闲暇时间，还应包括员工在工作中的心理成本，如承受的压力等。在建设雇主品牌时，应充分考虑到这些成本，尤其是心理成本，它们会阻碍目标人才做出选择。我们应审视企业在人力资源管理的所有环节中会发生的费用，尽力消除那些被目标人才视为不必要的成本，达到充分吸引人才、留住人才的目的。

（3）为员工提供便利。管理者应该尽可能地为员工提供优质的服务和便利、满意的工作环境。然而，现代人力资源管理中，这项工作的内涵已经被扩大，仅为员工提供优质的工作环境以增加员工满意度已远远不够了，还需要将方便员工的理念延伸至其生活，同时为员工生活提供便利。

（4）与员工保持良好沟通。企业要赢得员工对雇主品牌创立的支持，就必须着力改善沟通。企业及其领导者应该做到言行一致，身教重于言教。行为沟通的核心是制定表彰与激励机制，确认企业的价值标准，令员工清楚企业对自己的行为期望。在进行有效的信息沟通时，要充分发挥中层管理的作用，要保持沟通信息的一致性和连贯性，要把管理层之间的沟通与一般员工沟通、向上沟通与向下沟通相结合。在雇主品牌建设中，仅仅做好与企业内部员工的沟通是不够的，还需要与企业外部人才保持良好的“沟通”，将自己的雇主形象在人力资源市场上进行推广，以吸引潜在的目标人才。

（二）4R 营销理论与雇主品牌传播

1. 4R 营销理论。21 世纪的市场营销发生了很大变化，以顾客为中心，面向竞争，寻求合作、创造需求是市场营销发展的趋势，4R 营销理论及其组合就是在这种背景下产生的一种新的营销理论。它在新的平台上概括了营销的新框架，不但重视企业的内部和外部，而且更加注重内部和外部的联系。

4R 营销理论由美国营销学者艾略特·艾登伯格（Elliott Ettenberg）于 2001 年在其《4R 营销》一书中首次提出。4R 理论是以关系营销为核心，重在建立顾客忠诚，它阐述了四个全新的营销组合要素，即关联（Relevance）、反应（Reaction）、关系（Relationship）和报酬（Reward）。

（1）关联。4R 营销理论认为，企业与顾客是一个命运共同体，建立并发展与顾客之间的长期关系是企业经营的核心理念和最重要的内容。在竞争性市场中，顾客具有动态性，顾客忠诚度是变化的，他们会转移到其他企业。要提高顾客的忠诚度，赢得长期而稳定的市场，重要的营销策略是通过某些有效的方式在业务、需求等方面与顾客建立关联，形成一种互助、互求、互需的关系，把顾客与企业联系在一起，这样就大大减少了顾客流失的可能性。

（2）反应。多数企业倾向于说给顾客听，却往往忽略了倾听的重要性。在相互渗透、相互影响的市场中，对企业来说最现实的问题不在于如何制订、实施计划和控制，而在于如何及时地倾听顾客的希望、渴望和需求，并及时答复和迅速做出反应来满足顾客的需求。这样才利于市场的发展。

（3）关系。在企业与客户的关系发生了本质性变化的市场环境中，抢占市场的关键已转变为与顾客建立长期而稳固的关系。与此相适应产生了五个转向：从一次性交易转向强调建立长期友好合作关系；从着眼于短期利益转向重视长期利益；从顾客被动适应企业单一销售转向顾客主动参与到生产过程中来；从相互的利益冲突转向共同的和谐发展；从管理营销组合转向管理企业与顾客的互动关系。顾客关系营销是通过不断改进企业与消费者的关系，实现顾客固定化的一种重要营销手段。

（4）报酬。任何交易与合作关系的巩固和发展，都是经济利益问题。因此，一定的合理回报既是正确处理营销活动中各种矛盾的出发点，也是营销的落脚点。

2. 4R 营销理论在雇主品牌传播中的应用。基于 4R 营销理论的雇主品牌传播的最大特点就是以竞争为导向，根据市场不断成熟和竞争日趋激烈的形势，着眼于雇主与雇员的互动与双赢，不仅积极地适应雇员的需求，而且主动地创造需求，运用优化和系统的思想去整合营销，通过关联、关系、反应与回报的形式与雇员形成独特的关系，把企业与雇员联系在一起，以建立和形成企业的竞争优势。在雇主品牌的传播和推广中，我们可以借助 4R 营销理论来探讨企业应当采取哪些措施快速、有效地传递雇主品牌信息，提高员工忠诚度。

（1）建立雇主与员工的关联。所谓建立关联，就是要让雇主和雇员成为命运共同体，成为追求共同利益的合作伙伴。对企业内现有的雇员来讲，不是与企业签订了劳动合同就算是建立了关联，而应当使自身的需求和利益都与企业保持联系；对于潜在的雇员来说，与企业建立关联就是要不断地给那些以后可能是企业目标人才的人传递有关企业的信息，并确保

这些信息能够打动他们。雇主品牌对于与雇员建立关联的深层次意义还在于让雇员的人力资本价值得到提升，即使将来离开该企业，曾经在该企业的工作经历对其职业生涯也十分有益，无形中人力资本的增值使其在劳动力市场上更有竞争力。

（2）重视反馈。2005 年“亚洲最佳雇主调查”结果显示：在当选最佳雇主的公司中，87% 的员工得到了足够关于业务成果和绩效的信息，而其他公司的员工只有 57%；89% 的最佳雇主的员工认为，他们知道公司对自己工作的期望所在，这个数值比其他公司高了 25 个百分点。

建立对信息的快速反馈机制是非常重要的。从企业的角度来看，企业的战略并非一成不变，而是一个连续变化的过程，在这个过程中，战略目标的达成需要雇员的理解和支持，所以能否快速将这个变化的信息在第一时间传递到员工那里，并确保他们正确理解，是企业持续改进绩效、获得竞争优势之关键，同时也意味着保证了员工工作绩效的正确性；从雇员的角度来看，雇员的需要是一个实时变化的过程，企业有了健全的机制去了解他们的需求，同时也需要一个快速的反应机制来针对雇员的需要做出迅速的调整，只有在这样的持续改进中，雇员的满意度和忠诚度才能得到保障。

（3）增进雇主与雇员之间的关系。关系营销可以说是在雇主品牌营销中最为有效的一种手段，它贯穿于企业雇主品牌营销的整个过程，通过不断增进雇主与雇员之间的关系，使雇佣关系得到一个长期的保证。

大多数企业都能意识到与潜在员工、现有员工建立一种长期关系的必要性，但是他们并未意识到与离职员工建立长期关系的重要性。企业如何对待离职的员工，也会影响到雇主品牌的形象，如果员工是带着不满离开的，那么他们就会和不满意的顾客一样，将雇主的表现四处传播，影响雇主在潜在员工心目中的印象。在实际的人力资源工作中，离职员工管理逐渐成为人力资源工作的热点和难点问题，不适当的处理方式和技巧往往导致不良的后果产生。

世界著名的贝恩管理咨询公司，专门设立了旧雇员关系管理主管，负责跟踪离职员工的职业生涯变化情况，为记录这些变化情况，公司建立了一个前雇员关系数据库，储存了北美地区 2 000 多名前雇员资料，其中包括他们职业生涯的变化信息，甚至包括结婚生子之类的细节。贝恩公司定期给那些曾在公司效力的前雇员发送内部通信，邀请他们参加公司的聚会活动。如此感情投资，不仅让离开的雇员对企业有较好的评价，有需要时还能有效利用这些“跑了”的人力资源。

一项调查显示，国内约有七成左右的人力资源经理认为，自己在企业员工服务全周期管理上是“虎头蛇尾”，即入职管理出色，但离职过程管理非常草率。如何让员工保持良好的心情离开，以及在离开之后如何让员工传播对于企业有利的信息，是企业进行关系营销时应关注的。

(4) 雇主品牌回报。对企业来说，营销雇主品牌的真正价值在于提升对潜在员工的吸引力，提高现有员工敬业度和忠诚度，减少雇佣双方的适配风险，降低企业人力成本。在众多的营销活动中，企业对雇主品牌的营销可以说是投资最少、回报率最高的。

(三) 4P 营销理论与雇主品牌传播

1. 4P 营销理论。4P 理论产生于 20 世纪 60 年代的美国，随着营销组合理论的提出而出现。1953 年，尼尔·博登（Neil Borden）在美国市场营销学会的就职演说中创造了“市场营销组合”（marketing mix）这一术语，是指市场需求或多或少地在某种程度上受到所谓“营销变量”或“营销要素”的影响。为了寻求一定的市场反应，企业要对这些要素进行有效的组合，从而满足市场需求，获得最大利润。营销组合实际上有几十个要素（博登提出的市场营销组合原本就包括 12 个要素），杰罗姆·麦卡锡于 1960 年在其《基础营销》一书中将这些要素一般地概括为四类：产品（product）、价格（price）、渠道（place）、促销（promotion）。这就是著名的 4P 理论。1967 年，菲利普·科特勒在其畅销书《营销管理：分析、规划与控制》第一版中进一步确认了以 4P 为核心的营销组合方法。

（1）产品。注重开发的功能，要求产品有独特的卖点，把产品的功能诉求放在第一位。

（2）价格。根据不同的市场定位制定不同的价格策略，产品的定价依据是企业的品牌战略，注重品牌的含金量。

（3）渠道。企业并不直接面对消费者，而是注重经销商的培育和销售网络的建立，企业与消费者的联系是通过分销商来进行的。

（4）促销。企业注重销售行为的改变来刺激消费者，以短期的行为（如让利、买一送一、营销现场气氛等）促成消费的增长，吸引其他品牌的消费者或导致提前消费来促进销售的增长。

2. 4P 营销理论在雇主品牌传播中的应用。雇主品牌的传播与推广同样可以借助市场营销学中常用的4P 理论，对市场营销学中 4P 分别进行新的解读。

（1）工作体验。从市场营销的角度来看，企业所提供的工作岗位可以视为企业的另一种“产品”，而企业所需求的人才，则可以被视为对工作岗位这种“产品”的“消费者”。企业需要为岗位的“消费者”——人才——提供满足其需要的“产品”，如良好的职业发展前景，具有竞争力的薪酬福利水平，舒适的工作环境等。

（2）员工支付。我们将“岗位”这种特殊产品的价格理解为员工为获得该产品的支付，这种支付不仅包括员工为寻找工作的时间投入与金钱投入，还包括员工在工作岗位上所花费的时间和工作过程中所承受的压力等。企业在打造自己的雇主品牌时，应充分考虑到员工的这些支付，尽可能避免员工在生理和精神方面的透支，寻找员工支付与回报的平衡点，从而达到吸引和留住人才的目的。

（3）推广渠道。雇主品牌的推广渠道是多样化的。例如，在校园招聘中可以选择让员工成为雇主品牌的代言人，让潜在的雇员认识到雇主带来的独特工作体验，或是运用实习计划、网络宣传、宣讲会、公益活动等综合手段，传播积极正面的企业形象，提升雇主品牌在潜在和现有雇员心目中的价值。

（4）灵活的招聘手段。企业可以运用特殊的招聘手段，对企业所提供的岗位进行“促销”。例如，企业可以引入员工推荐计划，赋予员工权限，让员工扮演猎头的角色，推荐自己身边符合岗位任职条件的朋友或同事进行面试，经过面试并成功录用后，可以对推荐人给予适当奖励。开展这类“促销活动”，不仅可以大大节约企业招聘成本，降低雇佣双方的适配风险，还可以提高员工的归属感和主人翁意识，增强员工忠诚度。

（四）整合营销理论与雇主品牌传播

1. 整合营销传播理论。整合营销传播，兴起于商品经济最发达的美国，是20世纪90年代以来在西方风行的营销理念和方法。作为一种实战性极强的操作性理论，它的内涵是：“以消费者为核心重组企业行为和市场行为，综合协调地使用各种形式的传播方式，以统一的目标和统一的传播形象，传递一致的产品信息，实现与消费者的双向沟通，迅速树立产品品牌在消费者心目中的地位，建立品牌与消费者长期密切的关系，更有效地达到广告传播和产品营销的目的。”它与传统营销“以产品为中心”相比，更强调“以客户为中心”；它强调营销即传播，要和客户多渠道沟通，和客户建立起品牌关系。

2. 整合营销传播理论的方法。整合营销传播主要有以下六种方法。

（1）建立消费者资料库。这个方法的起点是建立消费者和潜在消费者的资料库，资料库的内容应包括消费者偏好、购买能力、以往购买记录以及其他消费者基本信息。整合营销传播强调将整个焦点置于现有消费者、潜在消费者身上，因为所有的厂商、营销组织要实现销售量或利润上的成果，最终都依赖消费者的购买行为。

（2）研究消费者。这是第二个重要的步骤，就是要尽可能参照现有消费者及潜在消费者行为方面的资料来划分市场，相信消费者“行为”资讯比起其他资料能够更清楚地显现消费者在未来会采取什么行动，因为用过去的行为推论未来的行为更为直接有效。在整合营销传播中，可以将消费

者分为三类：对本品牌的忠诚消费者，其他品牌的忠诚消费者和游离不定的消费者。很明显这三类消费者有着各自不同的“品牌偏好”，而想要了解消费者的品牌偏好就必须借助消费者行为资讯。

（3）接触管理。所谓接触管理，就是企业可以在某一时间、某一地点或某一场合与消费者进行沟通，这是20世纪90年代市场营销中一个非常重要的课题，在以往消费者自己会主动找寻产品信息的年代里，决定“说什么”要比决定“什么时候与消费者接触”重要。然而，现在的市场由于资讯超载、媒体繁多，干扰的“噪声”大为增大。目前最重要的是决定如何、何时与消费者接触，以及采用什么样的方式与消费者接触。

（4）发展传播沟通策略。为整合营销传播计划制定明确的营销策略。例如，对一个擅长竞争的品牌来说，营销策略就可能是以下三个方面：激发消费者试用本品牌产品；消费者试用过后积极鼓励继续使用并增加用量；促使其他品牌的忠诚者转换品牌并建立起本品牌的忠诚度。

（5）营销工具的创新。营销目标确定之后，就是决定用什么营销工具来完成此目标。显而易见，如果我们将产品、价格、通路都视为和消费者沟通的要素，整合营销传播企划人将拥有更多样、广泛的营销工具来完成企划，其关键在于哪些工具、哪种结合最能够协助企业达成传播目标。

（6）传播手段的组合。最后一步就是选择有助于达成营销目标的传播手段，这里所用的传播手段可以无限宽广，除了广告、直销、公关及事件营销以外，产品包装、商品展示、店面促销活动等能协助达成营销及传播目标的方法，都是整合营销传播中的有力手段。

3. 整合营销理论的六种方法在雇主品牌传播中的应用。整合营销理论传播的六种方法，为雇主品牌的传播与推广提供了良好的借鉴。

（1）建立人才资料库。当今企业经常遇见的情况是当一些技术含量较高的职位或者管理岗位出现空缺时，招聘周期较长，机会成本也很高，外部招聘的准确性又不好把握。另外，内部推荐不一定都合适，而且没有数据支持，主观性过大。建立企业自己的人才资料库，收集各类员工信息，可以让各种人员通过不同的渠道汇集到一起，有条不紊地展开内外招聘工作，还可以培养公平、公正、公开的招聘环境。

（2）研究人才。人才是企业岗位的“消费者”。研究人才指的就是企业应尽可能地去了解不同员工需求和偏好的差异，这是吸引他们的关键因素。例如：年轻员工对于职业发展的要求更为迫切，高龄员工则对未来保障具有强烈诉求；内倾性格的员工更加偏好优化管理型雇主品牌，而外倾性格的员工更适合感情文化型、价值认同型、工作乐趣型、职业发展型和绩效薪酬型雇主品牌的管理。

（3）让员工参与管理。雇主品牌的形象不是强加给员工的，而是一种员工主动的感受。让员工适当地参与到企业的管理决策中，享受公平合理的待遇，会使员工更有归属感，员工对企业就会抱有期望，自然就会关注企业的一举一动，并做出判断，在内外交流中对雇主形象产生口碑效应。

（4）制定推广策略。企业应为雇主品牌的传播制定明确且具体的推广策略。一个良好的推广策略的制定和执行可以使雇主品牌的塑造达到事半功倍的效果，让企业在竞争激烈的人才市场中更加主动，使招聘更具针对性、准确性和高效性。

（5）推广工具的多媒体化。伴随着网络对我们生活和工作的每一个角落的逐渐渗透，雇主品牌的推广工具也变得更加多样化。雇主品牌形象可以通过网络得到有效的传播和宣传。微博、微信、优酷等网络媒体在传播企业形象时扮演着越来越重要的角色。企业网站逐渐成为了解企业最便捷的窗口，也成为企业对外传播的窗口。企业可以借助网络和其他工具有效地营销自己的雇主形象，达到吸引和留住人才的目的。

（6）传播渠道的组合。企业可以借助一揽子传播手段组合，多管齐下地为企业塑造良好的社会形象，并使自己积极正面的雇主形象得到有效的传播和推广，赢得优秀人才的青睐，如校园宣讲、广告宣传等。

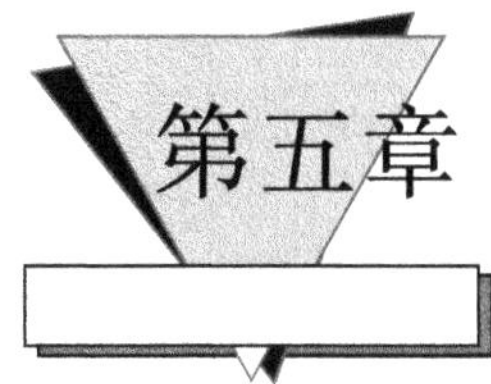

雇佣价值定位

第一节 人才市场细分

一、人才细分成为一种潮流

随着企业的发展步入全球化、多样化和复杂化，许多企业都在全球范围内设有多个业务部门，企业的劳动力也已步入全球化、多样化和复杂化。如今，一家大企业的员工总数通常能达到一座小城市的规模，这些员工拥有不同的文化背景和胜任素质，并且相对于企业的需求而言，他们的能力和表现也各不相同。尽管存在这些差异，许多企业还是继续采用一成不变的方法或至少是缺乏变化的方法来管理人才。然而，这种一刀切的方法有时却是弊大于利。“一个企业”的方法隐性地假设所有员工，不区分他们的职能、位置或业务部门，都可以为企业带来同等价值。这显然不符合经济现实。由于不同类型的人才更有可能在不同的时间为企业带来不同的价值，因此企业可能需要采用不同的方法来管理不同的人才。

一个企业的人才市场细分可以分为多种方式。很多企业可能已经按照工作地点及工作类型分析了员工满意度及参与度方面的数据。一些企业已经使用这种细分办法，来帮助他们进行沟通，以及推行反映不同利益和不同地区劳动力需求的弹性福利。有些企业针对不同的员工细分方法采用不同的奖励方法，实行按照工作地点、浮动薪酬、福利和非物质奖励细分的政策条款。

二、将产品市场细分理念引入人才市场

在产品市场的营销理念和实践中，市场细分作为其中的关键概念已经存在很多年。这个概念最具代表性的研究讨论最终顾客或者说是客户由于存在地点、购买及使用行为、决策过程、生活方式、心理特征、人格特质以及动机等方面的不同而彼此不同。由于这种差异，企业发展市场细分战

略并相信把顾客区别对待会比等同对待产生的利润更大。

（一）产品市场细分的五种类型

Bock - uncles 关于产品市场的细分，包括以下五种类型。产品功能细分，是指消费者所寻求的利益以及他们对偏好形成的影响；顾客交互影响细分，介绍人对人的相互作用对偏好形成的影响；选择障碍细分，其认识到消费者可能由于信息不完全或者认识、知识、感知不充分而无法满足自己的偏好；议价能力细分，其在顾客对有吸引力的价格、条款和条件的谈判能力有差别的时候存在；价值创造能力细分，其在顾客给企业生产不同水平的实际或潜在利润时存在。

在雇佣市场上，通过对员工敬业度与组织绩效的关系进行研究，我们认识到战略性的雇佣管理需要从以公司为主导转移到以员工为核心，当然，这里的员工指的是所有市场上潜在的雇员和公司内部的雇员。从这个角度出发，员工将成为雇佣市场上的顾客。我们将以产品市场的最终顾客为核心的五种细分理念引入雇员管理中，并对新细分方法的内在含义进行扩展和诠释①。

（二）引入产品市场细分理念后的人才市场细分

从基于顾客的产品市场细分理论推导出雇佣管理中的人才市场细分理论，超越了严格的以消费者为中心的细分的方法。雇主品牌视角下的人才市场也可以有以下五种细分方式。

1. 产品功能偏好——雇主提供给雇员的。雇主品牌所提供的就业福利或者功能通常分为两类：薪酬福利和更全面的体验福利（包括：教育、培训和支持；旅游机会、弹性工作时间；托儿、育儿假及其自主性、安全性，其他相关的工作文化和实践活动）。

2. 顾客交互影响——员工与参考人群之间的。员工很少在社交真空的环境中对他们的就业前景做出选择。正如已经被顾客看到的那样，当潜在

① Moroko L, Uncles M D. Employer Branding and Market Segmentation [J]. Journal of Brand Management, 2009, 17 (3): 181 - 196.

的雇员将在几个就业机会之间进行抉择的时候，往往求助于他们的参考人群，这个人群可以由家人或配偶，同事或社会同伴组成。因此，在人才市场上，一个雇主品牌能否得到这个人群认可是至关重要的，潜在的雇员会向他们提供咨询或取得支持。相比而言，这同被潜在雇员自身认可是一样重要的。这种认可可以促进雇主品牌与参考群体的积极关系，不但可以吸引潜在雇员，还可以帮助保留核心员工。

3. 选择障碍——雇主强加的。雇主可能通过雇佣和薪酬政策，强行设置进入和退出公司的障碍。企业可以为获得和保留理想的雇员而设置一般基准，以及诸如学历、相关经验、居留或签证等的具体要求。许多企业甚至把心理和智力评估结果作为标准。选择障碍也可以用来提升员工留职率。延迟颁发奖金、提供长期服务假期和丰厚的退休服务可以作为这些政策中的“金手铐”，在员工存在可能被吸引至其他就业机会的时候，牢牢绑定员工。

4. 议价能力——基于雇员自身的。尽管雇主可以通过选择障碍影响员工的去留，但是仍有一些员工由于拥有某些稀有的技能、资历和经验，而可以不受影响。在企业内部，对这些特性的需求越高，雇员的就业市场就更广阔，议价权利就更大。

5. 价值创造能力——雇员提供给雇主的。这种细分类型可以被应用到这样的雇员群体，这些群体拥有着对推动这些地区的业务、增长利润起至关重要作用的技能、经验或知识。我们可以有选择性地采取基于员工人均生产效益的成本差异。

（三）将有效的市场细分方法应用到商业战略中

我们讨论市场细分方法的一个很重要的意义在于，在执行公司商业战略的时候，将各种有效的市场细分方法结合起来，并要注意到战略与方法选择的融合。我们把各种细分方法分成三种：吸引/保留谁（价值创造能力细分）；如何吸引/保留（产品功能及交互影响细分）；干扰因子（议价能力和选择障碍细分）。从图 5－1 我们可以清晰地看到各种细分方法的选

择与组织的商业战略是如何结合在一起，并有效支持组织运作的。

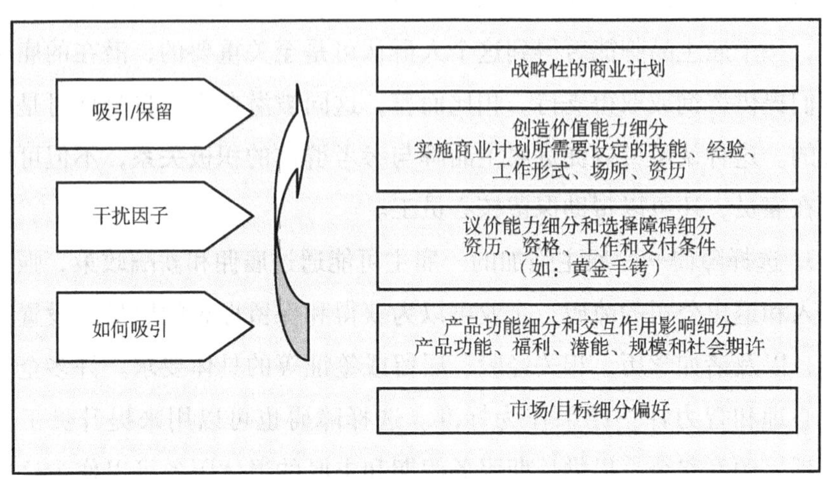

图5－1　将市场细分方法应用到商业战略中

我们来看看商业战略和人才市场细分方法的选择结合过程（见图5－1）。首先，我们有了一个明确的商业战略，组织未来的发展定位会告诉人力资源管理者实施商业计划所需要设定的技能、经验、工作形式、场所、资历，这些构成核心人才的素质要素，也就是图形左边描述的我们需要“吸引/保留”谁。这时组织可以采用“创造价值能力细分”法，去区分员工对于组织的重要性程度；了解到我们需要什么样的人才之后，人力资源管理部门需要敏锐地预知“干扰因子”——影响到市场上员工（潜在的与内部员工）流动的因素是什么？我们可以采用“议价能力细分”和“选择障碍细分”方法，拟定硬性规章制度，提前屏蔽掉外界因素的影响，减少员工的不稳定心态出现，降低未来人才流失率；一切准备好之后，我们将如何成功吸引人才，又如何避免核心竞争力（人才）不被市场上涌起的人才战卷走？这时，“交互作用影响细分”和“产品功能细分”可以告诉我们针对不同期许的员工提供相应的产品功能、福利、潜能发展机会等，以此达到吸引和保留员工的目的，支持商业战略。

三、人才细分的方法

人才细分代表一种打破一刀切思想的方式。人才细分是一种战略方法，它可以帮助企业确定不同的模式，并将不同的人才管理方法应用于不同的模式，以此来更好地将它们的人才模式与盈利模式相搭配。从历史来看，企业之所以追逐这种方法，往往是考虑到它们的高级管理者和销售团队。通过更广泛地细分人才，企业可以将资源从低价值区域重新分配到高价值区域，从而推动业务取得成功。

“人尽其才，才尽其用”是企业进行人才管理所追求的目标，但实际上，在人才管理中“一刀切”的模式已经根深蒂固。例如：当企业面临难题时，所有员工都要接受提高创新思维的培训；当企业走多样化路线时，每个领导都得想办法提高自己标新立异的能力……这种做法不仅浪费企业资源，员工也无法充分发挥自己的效用。

企业该如何进行正确的人力资源投资，做到人尽其用、人尽其才呢？企业可以先对不同的员工群体进行人才细分。

（一）传统人才细分方法

过去，企业通常根据人的能力将人才划分为管理员、技术员、销售员等。这种单一的方式，只是单纯地根据员工自身所具有的能力进行分门别类，并没有考虑企业的需求，使得企业在招聘、培训等一系列人才管理中花费大量的时间和金钱成本，但其人才管理效果却并不可观，并未帮助企业更好地实现自身的战略目标和企业的价值。

（二）现代人才细分方法

在现代企业中，部分先进的企业采用一些新的人才细分方法，使得企业的绩效有了大幅度提升。例如，通过研究和分析拥有相同特征和行为的员工群体（如个性和创新能力）为企业创造了多少价值，进行人才市场的细分；根据企业的盈利模式、企业利润产生的来源对人才进行分析和细分；根据企业所制定的战略对人才市场进行细分。

1. 以价值为导向的人才细分。以价值为导向的人才细分，是指通过研究和分析拥有相同特征和行为的员工群体（如个性和创新能力）为企业创造了多少价值，在人才管理中进行差异化的投资，更好地满足不同员工群体的需求，从而达到资源和人才利用的最佳效果。

在进行人才细分时，我们不难发现，绩效收益曲线是一种有效的工具，该曲线能清楚地说明某个岗位绩效提升回报率，即某个岗位绩效提升能为企业创造附加价值的程度。下面通过分析航空公司关键岗位——机长和乘务员的绩效收益曲线，说明如何利用绩效收益曲线进行人才细分，从而创建价值最优化的人才管理方案。

在图 5 - 2 中，通过乘务员岗位的三大核心素质来反映 ROIP 曲线：符合相关监管机构制定的安全法规（安全流程的环节）；航空公司认定的最基本职位要求（提供飞行中的餐饮服务等）；服务能力（解决问题的能力等）。

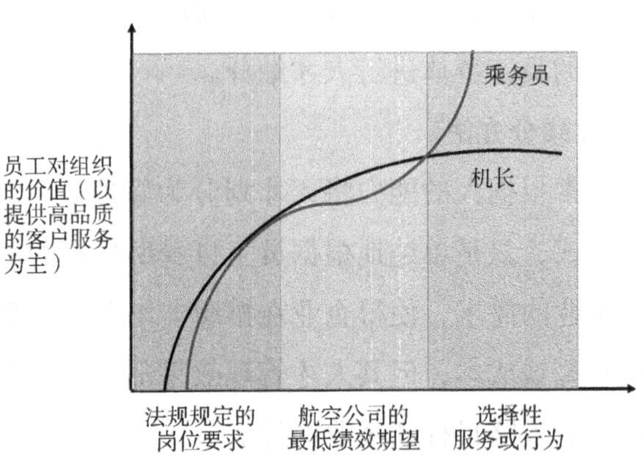

图 5 - 2　机长和乘务员绩效收益曲线

左边曲线斜率较高，是因为如果乘务员没有按照法定程序操作，可能导致事故发生。一旦乘务员的操作满足了法定要求，更多的表现也不会给航空公司带来很大的价值。中间曲线上升较慢，原因是最基本的服务并不会让乘客觉得更舒适和满意。航空公司也主要关注乘务员是否达到标准，

他们在有限范围内的额外表现并不会吸引公司关注。

右边曲线迅速上扬，是因为乘客飞行体验的60%～90%的时间都与乘务员共同度过，乘务员在塑造航空公司的品牌形象、保证乘客安全旅行等方面起到了核心的作用，对航空公司的经济收益也起到关键的作用。很多航空公司都努力利用乘务员创造更多收益机会（在飞机上出售食品、免税商品等）。航空公司从乘务员队伍的投入中能获得巨大的收益，所以会尽可能地鼓励他们提高绩效。

在了解了乘务员ROIP曲线后，我们来比较一下乘务员和机长的ROIP曲线。从左边曲线的对比中可以看到机长在满足安全法规的部分带来的ROIP要远远高于乘务员，这种现象完全在情理之中。机长的ROIP曲线中间部分非常平缓，因为对于航空公司和乘客而言，机长满足了基本的岗位要求后（按时起飞、安全飞行以及最大程度降低飞行事故概率），其额外服务所产生的附加价值是很有限的。因此，乘务员的ROIP在右侧很快超过了机长的。从乘务员和机长的ROIP曲线中，能清晰地看出这两类岗位绩效提升分别能为公司创造附加价值的程度，相应地在人力资源管理中也要进行差异化投入。

2. 以盈利模式为导向的人才细分。盈利模式主要围绕利润的来源和动因来介绍利润如何在商业实体中产生。即使是在一个业务范围内，绝大多数企业也都采用多种盈利模式。盈利模式例子的范围从“成为低成本制造商”到“操作一个可以将买家和卖家带到一起的交换机”。盈利模式如何与人才细分相关联？假设一家企业拥有两个部门。第一个部门的利润依靠率先推出支配溢价的创新产品来推动。负责开发创新产品的研发（R&D）工程师对于这一盈利模式的成功与否起到了至关重要的作用。第二个部门的利润则依靠成为低成本制造商这一理念来推动。原材料在成本结构中占据着重要地位。而负责管理原材料成本和库存的供应链经理则对这一盈利模式的成功与否起到了至关重要的作用。

在这个例子中，第一个部门需要的人才模式不同于第二个部门。对于

第一个部门的盈利模式而言，研发工程师的工作具有很高价值，因此第一个部门应该会愿意向研发工程师支付高于市场的薪酬。而对于第二个部门的盈利模式而言，供应链经理的工作具有很高价值，因此第二个部门应该会愿意向供应链经理支付高于市场的薪酬。虽然企业的盈利模式各不相同，但在人力资源计划和实际工作中，却通常以类似眼光来审视它们的员工。由于用于吸引、挽留和酬劳员工的资源有限，因此公司可能会在对其发展和盈利影响有限的员工身上支出过多，而在那些影响很大的员工身上则支出过少。尽管有一刀切式的人才管理方法这样一个先例，但企业已经开始意识到细分式方法的价值。如何有效地细分人才是企业所面临的下一个挑战。

3. 以企业战略为导向的人才细分。世界的互联化和企业的全球化，使得企业在进入新的市场时，必然需要从社会招聘人才。但人力资源部门很早就意识到这不是主要的招聘方法。为了获得更多新的增长点，企业需要使用独特的招聘方法，同时，这也可将企业潜在及现有员工的利益最大化。有的企业是从企业的战略角度对人才进行细分，以独特的人才细分视角在人才战争中取得成就。例如，芝加哥商业交易所集团根据其公司的战略，将职位分为两大类，第一类（推动公司获得新的增长点的岗位）是直接负责推动新增长战略的职位，第二类（加强公司核心竞争力的岗位）是在支持新增长战略和保证公司正常运营过程中起核心作用的职位。

这种细分隐含的意思便是，人力资源管理的方法和投入在不同的人才群体中未必相同。这曾是芝加哥商业交易所集团面临的一大挑战。对此，该集团提出，无论属于哪个部门，同一层级的员工拥有相同的奖励机会，针对各个层次的人才采用甄选、开发、调配、奖励和激励措施。

根据新增长战略，芝加哥商业交易所集团未来的成功会依赖于一些资深交易员、业务经理、客户关系经理和产品开发经理的个人素质。这类人才从哪里来？你希望选定最佳员工，让他们发挥最大作用，还是能者胜任就行了？要吸引这些人才，激励他们成功，需要怎样的激励机制？一旦芝

加哥商业交易所集团确定了对公司的战略增长举措影响重大的岗位，接下来就要激励员工树立远大的目标，招聘一流的人才来实现公司增长的战略。这需要建立一个竞争与淘汰、晋升与降级并重的激励机制。这种机制的原理很简单，当他们实施这种机制的时候，发现能比过去招揽更多的人才。投资银行和金融机构的人员都乐意加盟这个公司，因为这种人才管理体制能让人安心工作，员工不用整日担心职业发展中可能出现的风险。按照细分后的人才群体设定奖励计划，某一类管理人员可能与其他管理人员的待遇不同，这一观点乍一看有些奇怪。的确，当初按劳分配开始执行的时候，也有很多人感到不自在。虽然这种新的人才待遇的区分方式不多见，但是这种方式完全围绕着推动公司战略执行的核心岗位开展。芝加哥商业交易所集团就是按照这种分析模式进行人才管理决策的。

总体来说，芝加哥商业交易所集团为我们提供了一个有力的例证，告诉我们如何通过细分不同人才类别，制定恰当的人力资源战略，让员工各尽其才，帮助企业执行新的商业战略，实现人才价值的最大化。

每个人都有自己的特点。这些差异可以让我们在个性化和标准化之间找到最佳的平衡点。人才细分要求我们理解不同人才群体的激励机制、不同群体如何贡献自己的力量以及如何为企业创造巨大的价值。明白这些，可以让我们制定个性化的招聘条件和岗位体系，并以最低的成本获得最高的回报率。

（三）人才细分方法应用到雇主品牌中

建立雇主品牌的过程很明显地使用了各种不同的市场细分方法，有的是明确使用，有的则会隐晦一些。在这种环境下，市场营销人员和人力资源管理者需要更努力，采用更精明的方法来推动组织的雇主品牌战略。接下来，我们讨论人力资源管理中三种可以将这些市场细分方法应用到商业战略中的情形。

1. 招聘——针对应届毕业生、青年以及基层雇员。很多的雇主品牌管理者认为，所有企业都通晓而且广泛应用着“吸引/保留”（产品功能及交互影响细分）的细分方法。诚然，在雇佣市场的门槛上已经出现了很多有针对性的雇主品牌活动，这些活动成功地吸引到了合适的候选人，但是，其中有些存在严重忧患——战略性问题，人们往往只关注目标市场，而忽视雇主品牌建立的整个大局。

首先，对于入门级的候选人来讲，我们对他的关注应该至少基于这样一个观念：这些员工中的很大部分将从企业的底层开始工作，随着资历的增长他们将一步一步得到提升，最终能够胜任中层甚至是高层职位。其次，这种员工计划战略假设企业奖励的增长建立在从当前的职位上看是可预见的轨道上。这些基层员工将来能够在晋升途中掌握的知识、经验，将成为企业未来商业增长的推动和决定力量。

2. 战略性人力资源规划——不仅仅是填补职位空缺。应用到实践中的系统的、基于战略的人力规划不常见，但这种类型的规划将有利于为雇主品牌制定连贯的方法。了解企业需要“吸引谁”和“如何吸引他们”可以作为雇主品牌和商业计划的直接桥梁①。

3. 减少“吸引/保留”的干扰因素——利用选择障碍同时认可议价能力。即使结合企业的目标选择了战略性的最合适的雇员，并且为这些雇员匹配了他们所希冀的雇佣产品功能和福利要求，企业仍然需要致力于完善他们的“吸引/保留”员工的最终目标。因此，为了完成整个战略，企业还需要根据议价能力差异和选择障碍细分原理将雇员进行细分，给员工设置进入或退出企业的条件和成本，公平地评价员工工作行为，从而继续吸引和保留企业商业战略计划所需要的核心人才。

需要注意的一点是，通常通过使用各种可用的细分方法，会比仅仅使用一种分类方法，更能产生协同效应和影响。每个组织都至少应该考虑使用以下两种细分方法：盈利能力细分（吸引/保留谁）以及产品功能及交互影响细分（怎样吸引/保留）。

---

① Johnson G L, Brown J. Workforce Planning Not a Common Practice, IPMA – HR Study Finds [J]. Public Personnel Management, 2004, 33 (4): 382 – 391.

第二节 雇佣价值定位

全球化的浪潮席卷而至，知识经济时代已悄然到来，移动互联的日新月异，将我们推向信息时代的尖峰。包括信息产业在内的知识经济的确立，使得人才成为第一资源，智力成为第一生产力，这一庞大的人才阶层创造了不容忽视的社会财富。然而，企业如何面对新经济时代的挑战？如何有效感知员工诉求、构建雇佣价值定位、传播其经营理念？对这些问题的思考已成为企业经营成败的关键，并成为企业脱颖而出的制胜法宝。与此同时，企业在吸引人才、激发员工参与度、提高员工保留率等方面遇到了瓶颈，这些挑战推动着企业重新审视自己在员工心目中的形象，了解员工的需求，考虑如何更好地向目标群体传递企业的经营理念。这些新问题的产生，使得越来越多的雇主开始关注价值定位这一概念，将员工、雇主的价值定位与企业战略相结合，已成为企业发展过程中不容忽视的部分。

一、价值定位的广泛应用

（一）价值定位的兴起

翻阅近些年文献，我们不难发现“价值定位”这一术语频繁活跃在营销学、战略学、商业模式学等领域中，已跃升为管理学中应用最为广泛的术语之一[①]。价值定位被公认为企业最重要的组织原则[②]，其鲜明、独特、清晰的价值定位是战略的基石[③]，是商业模式创新的前提[④]、产品营销的利

① Carter T, Ejara D D. Value Innovation Management and Discounted Cash Flow [J]. Management Decision, 2008, 46 (1): 58-76.

② Webster F E. Market-driven Management: How to Define, Develop, and Deliver Customer Value [M]. Hoboken: John Wiley & Sons, 2002.

③ Kaplan R, Norton D. The Balanced Scorecard: Translating Strategy into Action [M]. New York: Harvard BusinessSchool Press, 1996.

④ Teece D J. Business Models, Business Strategy and Innovation [J]. Long Range Planning, 2010, 43 (2/3): 172-194.

器[①]、服务主导逻辑的基本假设[②]。“价值定位”这一概念被频繁应用在各种商业领域中，不同学者、不同企业管理者对其有着鲜明而独到的见解和多元化的理解。在查阅文献中，笔者发现目前对于价值定位这一概念的认知较为混乱，且缺乏系统梳理和仔细甄别，因而对理论界与实务界理解、延伸价值定位的概念与应用造成了一些困扰。不仅如此，近年来随着服务主导和商业模式等新兴学科的兴起，价值定位术语有了新的概念内涵，更加剧了学者们对价值定位概念理解的混乱[③]。

（二）何为价值定位

价值定位作为一个专有名词，在不同领域有着不同的含义，具有多重内涵，但值得我们注意的是，这些不同的概念内涵之间有着显著的差异，而在某种程度上又存在着千丝万缕的联系。本书中，主要采用王雪冬、冯雪飞、董大海（2014）提出的五种不同价值定位的概念，分别是作为“产品营销口号”的价值主张、作为“感知承诺”的价值主张、作为“公司定位陈述”的价值主张、作为“互惠承诺”的价值主张以及作为“企业家远见”的价值主张。

“产品营销口号”的价值主张，是对企业、企业的供货、企业运行等方面的描述，清晰地阐明企业的产品或服务与竞争者的不同以及企业自身的独一无二之处，提供了顾客购买企业产品或服务的理由，是企业需要通过广告向顾客传递的企业诉求和能力证明；“感知承诺”的价值主张，是企业从顾客视角出发，对顾客从企业获得的价值的一种清晰阐述，将研究视角从产品导向转向顾客导向，力图通过寻找产品和服务中的关键顾客价值要素来实现顾客满意；“公司定位陈述”的价值主张，主要应用于战略学领域，是连接企业使命、远景与实际策略行动计划的桥梁和纽带，反映

① Ries A，Trout J. Positioning：The Battle for Your Mind［M］. New York：McGraw－Hill，1981.

② Vargo S L，Lusch R F. Evolving to a New Dominant Logic for Marketing［J］. Journal of Marketing，2004，68（1）：1－17.

③ 王雪冬，冯雪飞，董大海．“价值主张”概念解析与未来展望［J］．当代经济管理，2014，36（1）：13－19.

了企业高层管理者所关注的为了获得战略行动所必须开展的事情；“互惠承诺”的价值主张，从企业和顾客的双重视角出发，将价值主张的提出作为企业和顾客共同作用的结果，价值主张就是企业和顾客通过多次往复沟通所达成的一种互惠的价值承诺，企业通过寻找与顾客的共同利益来实现共赢；“企业家远见”的价值主张，是指企业家基于个人的想象力、洞察力，将企业自身、顾客和诸多利益相关者纳入一个平台和网络中，对未来顾客需求和行业基本规则进行大胆假设，是一种极具想象力和创新思维的理念①。

二、雇佣价值定位

（一）雇佣价值定位的内涵

有效、全面地理解雇佣价值定位的内涵对于企业的发展至关重要。全球知名薪酬顾问劳拉·塞伊恩（Laura Sejen）将雇佣价值定位理解为一种雇佣协议，即雇主承诺帮助员工满足他们自身发展的需求，而作为回报，员工日常的工作将帮助企业实现战略目标。与此同时，赫格尔等（Heger et al.）将雇佣价值定位诠释为员工对于雇主的期待，并且是决定员工是否留任的影响因素之一②。我国学者葛元月将雇佣价值定位理解为员工或潜在员工用一组基本价值要素来估量自己在某一企业或组织工作时所能获取的总价值，主要涵盖经济回报、职业发展机会、企业组织、工作及工作环境、员工关系五个维度③。张海宽认为，雇佣价值定位是一种平等的契约关系：一方面，员工可以从工作中获得收益，因为员工有所收获才会愿意付出；另一方面，员工的收获需要企业付出一定的资源，而员工的付出则为企业带来预期的收获④。马士基航运中国公司华东区人力资源总监荣涛

① 王雪冬，冯雪飞，董大海．“价值主张”概念解析与未来展望［J］．当代经济管理，2014，36（1）：13－19.

② 杨康昕，杨序国．员工价值主张知多少［J］．HR经理人，2009（12）．

③ 葛元月．基于员工价值主张吸引和留住人才的思考［J］．领导科学，2013（17）：53－54.

④ 张海宽．企业员工价值体系（EVP）的构建［J］．人力资源管理，2011（10）：38－41.

指出，雇主价值主张是一个双向的过程，要考量员工如何看公司，发现员工对公司的期望，如薪酬、职业生涯发展、培训与学习、工作环境等，然后公司根据自身情况，通过加薪、晋升、规划职业发展路径等方式回报员工的期望与付出①。同时，雇主价值主张已经成为吸引和保留人才的秘密武器。

更多的学者将雇佣价值定位理解为提高员工参与、吸引和保留员工的有效工具。（Brian Heger，AT&T，2007；Kathryn Yates，2013）。将雇佣价值定位定义为一种管理工具较为狭义，雇佣价值定位涉及员工的方方面面，其覆盖的范围超过了企业提供的工资、福利等。雇佣价值定位为潜在员工勾勒了企业的文化、愿景和价值观，是对现有员工的一种承诺，不仅包括经济回报，更包含职业发展前景。因此，雇佣价值定位不仅是员工对雇主的诉求，也是雇主对员工的期待和反馈，雇佣价值定位的塑造和传播对于企业战略的实现起到了不容忽视的作用。

（二）雇佣价值定位与员工价值定位

1. 聚焦员工价值定位与雇佣价值定位。在过去的 20 多年时间里，我们不难发现雇员工作性质的显著变化。企业重组的浪潮和竞争压力的频现，技术革命和工作环境的转变，将雇员和雇主关系重新进行定义，产生新型的雇佣关系。这一新型的雇佣关系，最典型的特点即员工忠诚度、信任和承诺的下降。然而员工的高敬业度和忠诚度是企业的竞争优势之一。这种新型的员工关系和企业在市场竞争中获得优势之间的差距，向人力资本提出了挑战，即如何担负起留住核心员工和提高员工参与度的重任。当这一挑战同时出现在劳动力市场上时，员工也将重新定位自身的价值，重新审视自己的理想雇主。面对来自内外部的压力，重塑雇佣价值定位是企业走出困境的较好方式。张海宽指出，当组织遇到两个重要的问题时，会考虑设立雇主价值主张：一是他们努力地想在人才战争中超过竞争对手，

① 雇主价值主张：打动你的客户［EB/OL］．［2012－01－02］．http：//www.hroot.com/hcm/243/262170.html.

脱颖而出；二是他们的品牌具有吸引力，但却不能准确地反映现实[①]。

2. 辨析员工价值定位与雇佣价值定位。在竞争日益激烈的人才市场中如何塑造差异化的雇主品牌是企业人才吸引、保留的焦点（Ambler & Barrow，1996；Corporate Leadership Council，1999；Hieronimus，Schaefer & Schroder，2005；Trost，2013）[②]。员工价值定位（employee values propositions）、雇佣价值定位（employer values propositions）随之出现，这是打响人才战争的有力武器，是市场竞争的基础。员工价值定位与雇佣价值定位的概念没有清晰的界定和区别，甚至有部分学者认为二者只是称呼上有差异而已，经常混淆使用。笔者认为，员工价值定位、雇佣价值定位不能完全相互替代，二者有一定的共性但又存在差异。

从基本内涵上看，员工价值定位是员工择业观的代名词，代表员工对雇主和职位的期望，而雇佣价值定位不仅是雇主在劳动力市场对于员工（既包含潜在员工，又包含现有员工）的一种营销口号，也是企业向员工表达的一种雇佣承诺。通过雇佣价值定位的传播，员工可以更加直接地了解企业战略、企业使命、愿景和文化。从研究视角上看，员工价值定位更偏向于了解员工的需求，侧重于员工视角；而雇佣价值定位更侧重于企业雇主的角度。从关注重点上看，员工价值定位关注企业如何吸引员工，如何提升员工忠诚度；雇佣价值定位侧重于企业如何与员工实现共赢。

综上所述，笔者认为，员工价值定位与雇佣价值定位并非同一概念，二者均可理解为企业了解员工的需求，并向员工传递企业的价值主张，但在一定程度上又有自身的特性，在本书中，主要采用雇佣价值定位这一概念进行诠释。

（三）雇佣价值定位与雇主品牌

雇佣价值定位作为企业价值定位的重要组成部分，是打造雇主品牌的

① 张海宽．企业员工价值体系（EVP）的构建［J］．人力资源管理，2011（10）：38－41.

② Jens Rennstam. Branding in the Sacrificial Mode—A Study of the Consumptive Side of Brand Value Production［J］. Scandinavian Journal of Management，2013，29（2）：123－134.

有效沟通工具①。雇主将雇佣价值定位的核心要素进行提炼，并运用恰当的方式进行传播，在劳动力市场上，在潜在员工、现有员工心目中树立起独特的雇主品牌，从而更有效地吸引、保留员工，并推动企业在社会上树立良好的企业形象，有效地传递企业的文化与人性化管理。

目前，相比于国外市场，雇佣价值定位在国内市场仍处于初步关注和研究阶段。但随着企业对于全面回报的认可程度的提升，越来越多的企业已将雇佣价值定位排上了日程，而已建立雇佣价值定位的企业，在人才争夺战中开始初露锋芒②。

企业品牌是企业在客户心目中的形象，而雇主品牌则是企业在现有员工与潜在员工心目中的形象。如同准确的企业品牌定位可以吸引“情投意合”的客户一样，独特的雇主品牌将会更好地吸引“情投意合”的人才③。雇佣价值定位作为建立雇主品牌的传播与沟通工具，须具有真实性与独特性等特征④。同时，企业在提炼雇佣价值定位时，除了突出员工回报模块之外，融入更多组织文化因素将帮助企业更好地吸引与保留与之理念相契合的人才，真正使招聘工作事半功倍⑤。

雇主品牌在某种程度上，可以理解成一种价值定位的表达⑥。雇佣价值定位和雇主品牌之间的关系体现在：企业将雇佣价值定位在内外部进行持续有效的传播和沟通，直至形成雇主品牌。一个没有价值定位的品牌，就像一个没有灵魂的肉身，不会引起任何情感。对于雇主品牌而言，拥有独一无二的雇佣价值定位在这个竞争日趋激烈的人才市场至关重要。

---

① HR如何塑造雇主品牌［EB/OL］．［2014－08－08］．http：//www. aiweibang. com/yuedu/1132834. html.

② 韦宏，牛士华．企业雇主品牌建设的瓶颈约束及突破路径［J］．中国商论．2011（35）：116－117.

③ HR如何塑造雇主品牌．［EB/OL］．［2014－08－08］．http：//www. aiweibang. com/yuedu/1132834. html.

④ 雇主品牌建立思路．http：//wenku. baidu. com/link？url＝h_ X－Radq.

⑤ 建立雇主品牌吸引优秀人才．http：//wenku. baidu. com/link？url.

⑥ 李伟．雇主价值主张如何落地［N］．企业观察报．2015－02－10.

（四）雇佣价值定位的意义

雇佣价值定位是提高员工参与，吸引和保留高端人才的最有效的工具之一。可惜的是，对于很多企业来说，雇佣价值定位仍然是沧海遗珠，在一定程度上被忽视，并没有得到有效的利用。高效使用雇佣价值定位，可以使得企业在竞争中脱颖而出（Kathryn Yates，2014）。要在人才短缺的劳动力市场上建立竞争优势，企业就必须拥有独特的雇佣定位，明确自己作为雇主能给在职员工和潜在员工带来多少利益和附加价值，这样才能吸引和留住符合需要的人才①。雇佣价值定位必须独立、特别和引人注目，能够反映企业作为雇主的独特性。相关调查表明，一个有效的雇佣价值定位，会将企业文化、企业愿景、企业价值观、全面薪酬与整个工作相结合，以寻求人岗匹配；一个高效的雇佣价值定位需要将有效的雇主品牌战略和沟通规划相结合②。

首先，差异化的雇佣价值定位可以帮助企业吸引并留住人才。雇主针对不同的目标群体，塑造多元化的雇佣价值定位，以吸引来自不同文化、不同年龄、不同职业发展诉求的员工群体。

其次，健全的雇佣价值定位可以为雇主与员工提供有效的沟通平台。在构建雇主价值主张的前期，调查潜在员工和现有员工的认知与诉求，可以使雇主充分了解员工。同时，企业开展培训以及各种形式的交流活动，可以使各个层次的员工充分了解企业能给予自己怎样的价值。这一过程不仅能够使雇主与雇员进行有效的沟通，同时也能帮助雇主与雇员达成有效的心理契约，以提升员工的归属感。

再次，完善的雇佣价值定位可以提升员工敬业度和降低员工离职率。一个高效的雇佣价值定位涉及企业的各个领域，通过企业文化、愿景和价值观的结合，员工了解雇主的价值倾向，雇主满足员工价值诉求的程度，可以帮助员工决定自身是否适合组织的发展需要，以求更好地实现人岗匹

① 黄婷．企业雇主品牌实施战略研究［D］．重庆：重庆交通大学，2009.

② 殷志平．雇主品牌研究综述［J］．外国经济与管理，2007，29（10）：32－38.

配，当员工对自身的工作感到满意时，相应地会提高工作的参与度并降低离职率，达到提升企业整体绩效水平的目的。全球咨询公司调查发现，拥有规范的雇佣价值定位的企业更容易拥有高度敬业的员工，并且在招聘和保留核心人才上较少出现问题。

最后，成功塑造雇佣价值定位可以减少新员工加薪成本。当候选人看到企业的雇佣价值定位有吸引力时，他们只需要更少的薪酬增幅就会接受工作。美国企业领导力协会（Corporate Leadership Council）的研究结果显示，如果企业的雇佣价值定位没有吸引力，则企业需要21%的加薪幅度才能招到人才；而若企业有较好的雇佣价值定位，只需要11%的加薪就可吸引到人才。因此，塑造雇佣价值定位可以在一定程度上降低人力资源成本。

三、雇佣价值定位的塑造

在管理模式日趋以人才为中心的今天，无论是大型知名企业还是中小型企业的管理人员都开始关注并着手制定适用于本企业的雇佣价值定位模型①。但是，由于很多企业的雇佣价值定位体系仅仅是依据当前岗位特征进行的简单描述，实施之后的雇佣价值定位结果并没有得到有效的应用，甚至不知道该怎么应用，导致雇佣价值定位成了“摆设”。因此，如何建立合理有效的雇佣价值定位并将其结果反馈到企业实际中就显得尤为重要。

（一）雇佣价值定位的塑造原则

1. 所提出的定位须真实可信，与目前员工认识基本一致。长期以来，许多企业在雇佣价值定位的传播中，出现了过度夸大企业优势、不履行劳动或聘用合同、不兑现承诺等不良行为，企业信用问题成为社会普遍关注的一个问题，许多企业开始实施“信用工程”，但侧重的是金融信用、消

---

① 企业员工价值体系（EVP）的构建［EB/OL］. http：//wenku. baidu. com/link？ url = -Wkqo8F.

费信用、商业信用，而忽略了企业对员工的信用。想创立雇主品牌的企业绝不可忽视这一问题。一旦熟悉了现有的品牌之后，就需要对员工做出一个相应的承诺和雇佣价值定位。这应该是针对现有以及潜在员工的一个非常令人信服的员工陈述，无论这一价值陈述具有怎样的形式和细节内容①。

相关研究机构调查发现，在打造并向潜在员工传达雇佣价值定位时，受访者认为雇佣价值承诺必须真实可信（55.3%）且符合企业实践（52.1%）。同样重要的是，雇佣价值定位还需要与消费者品牌定位相一致（36.4%）。在打造雇佣价值定位时要考虑的其他因素包括使之清晰明确、值得信赖、令人信服且目标明确。

如果企业在创建雇佣价值定位时只是让少数人参与讨论，制造出一些信息，那么这个企业将难以建立真实可信的雇佣价值定位。真实可信的雇佣价值定位要求所有层级的内部和外部利益相关者参与。

用于描述雇佣价值定位的常用术语包括真实可信、清晰、目标明确、符合企业实践、可信、承诺、与消费者品牌一致、令人信服、肯定、及时、简明、多样。

2. 将雇佣价值定位模型与企业战略有效结合。现实中，很多新入职者会因为不了解企业的整体战略、不知晓自己的工作对于企业来说到底具有什么样的价值而找寻不到自己工作的方向和动力，这种情况长期发展下去，就会导致离职现象发生。将雇佣价值定位模型与企业战略有效结合，就要在设计雇佣价值定位变量的时候，注重其长远性的影响，而不仅仅关注其当前的真实反映。这就要求设计人员在确定变量的时候，能够区分出哪些会造成长远的影响，哪些仅仅是当前情况的一种反映，哪些是对当前的反映但也可能会对未来造成一定的影响。把所有变量分成这样三类，在实施的过程，将重心放在能产生长远影响的因素上。从变量上，将雇佣价

① 建立雇主品牌吸引优秀人才［EB/OL］. http：//wenku. baidu. com/link？url.

值定位模型与企业战略有效结合起来[①]。

例如，如果某位部门领导者需要扩大某个业务领域，则可以针对该领域建立自定义的雇佣价值定位信息。为建立该信息，可以开展调查或利用现有的调查数据，以解析适用于该业务领域的相关数据。分析员工对雇主品牌的看法，尝试衡量这位服务部领导者扩展该业务领域所需的人才特质。充分利用这些调查结果，以构建求职者的信息。然后，确定雇主在该市场领域中的声誉，以了解需要做哪些工作来提高声誉。

3. 在成本敏感的时代得到企业领导的支持。企业领导为了使企业利润最大化，往往会采取成本控制这一措施。但是，大多数企业管理人员对成本控制存在狭义的理解和偏见，因此在企业的运营过程中，过度强调成本的减少，却忽略了成本与利润之间的比例关系。真正意义上的成本控制，并不是实际成本的减少，而是在保证成本合理分配的基础上实现企业利润的最大化。那么，如何劝服企业领导，将有限的成本分一部分支持雇佣价值定位体系的运行呢？这就需要人力资源部门充分了解企业的整体运营成本和利润水平，并以此为依据合理分析雇佣价值定位体系运行所需资金以及资金运用情况，然后结合雇佣价值定位的实际效益与企业领导进行洽谈[②]。

卡尔森集团（Carlson Companies）前任首席执行官（CEO）玛里琳·卡尔森·纳尔逊（Marilyn Carlson Nelson）曾说："如果您不能俘获员工的心，那您的员工也将无法俘获消费者的心。"要想让雇佣价值定位计划一开始就顺利推进，没有什么比获得企业高层领导的支持更重要的了。得到管理人员的认同和支持并不只限于高层领导，雇佣价值定位的有效传达和推广需要整个企业的支持。花费时间赢得人力资源部以外的其他主要管理人员和部门领导的支持和参与至关重要。但是值得我们注意的是，获得高

① 企业员工价值体系（EVP）的构建［EB/OL］. http://wenku.baidu.com/link? url = -Wkqo8F.

② "五常"思想在中国人力资源管理中的现代价值. http://www.docin.com/p-788499163.html.

层领导者对雇佣价值定位计划的支持可能是一个反复的过程，应明确展现品牌推广活动的业务价值，逐一赢得领导者的支持。将注意力集中在真正推动业务发展的部门领导者身上，尤其是那些负责市场扩张和新产品投放的领导者，或业务亟须高技能人才的管理者。

4. 触动内部和外部的目标员工的多元化价值定位。制定和传达一个强有力的雇佣价值定位，这个价值定位就是管理者解释的为什么一个聪明、活力十足、雄心勃勃的人愿意为一家企业工作而不愿为另一家企业工作①。尽管现在许多企业都还在运用这个价值定位，但多数企业只有一个价值定位——这是一种日渐过时的做法（Matthew Guthridge）。考虑到人口状况和其他趋势，成功的企业正调整价值定位，以针对拥有不同的价值观、理想抱负和期望的不同细分群体，如针对中年妇女、年长工人和来自特定文化背景的员工，有时这种群体区分还须更加细化（王先琳）。跨国公司在与当地企业进行激烈的人才争夺战时，需要度身定制雇佣价值定位，以突出参与真正决策、获得职涯发展、享受住房和教育福利及进行学习等的机会。员工的自主性和发展道路不仅在招聘时具有说服力，而且对许多人来说也是继续留在企业的理由。

雇佣价值定位虽然受到越来越多的企业青睐，但迄今为止，还没有一套标准化的体系。企业在制定雇佣价值定位的时候，没有切实可行的标准作为参考。如果在实施的过程中没有合理有效的监督机制，实施之后也缺乏反馈，将最终导致雇佣价值定位体系建立与否对企业并没有实质性的意义。这或多或少地加重了企业领导对雇佣价值定位的真实价值的怀疑，进一步阻碍了雇佣价值定位体系的建立和发展。

（二）雇佣价值定位的塑造策略

在知识经济时代，雇主单纯依靠物质的形式吸引员工、激励员工、保留员工显然已滞后于员工的诉求。如何卓有成效地体现雇主价值？怎样让

① 企业人才战略的精髓 . http：//wenku. baidu. com/link？url = KTP.

员工感受到工作的快乐？这些都是雇主不得不面临的挑战，而雇佣价值定位能够较好地帮助企业吸引和留住人才，因此，雇佣价值定位的塑造对于雇主来说具有重要的意义和价值。雇主期待提升雇佣价值定位的效率，需要考虑雇佣价值定位的发展实施路径；在雇佣价值定位实施的早期让企业高层融入进来；培训、薪酬和经理的职责，在不同的员工团体测量雇佣价值定位①。

如何提炼企业独特的雇佣价值定位？一般有两个衡量指标：一是现有或潜在员工的实际需求；二是企业现有的明显优势。前者可以通过员工调研和访谈的方式实现，后者则一般通过人力资源市场的调查来完成。

1. 划分目标群体，了解员工诉求。将员工按不同的年龄段、文化背景等要素划分为不同的目标群体，结合群体的特征，了解其职业诉求。雇佣价值定位把人力资源管理工作的内容和现有员工及潜在员工的认知与诉求进行整合，推出系列活动，体现企业价值品牌，提升员工满意度和忠诚度，帮助企业更好地吸引和留住人才。

在塑造雇佣价值定位时，企业可以临时成立相关调查小组，由各部门、地区和不同资历的员工组成，通过与现有员工进行讨论以验证和确保关键雇佣价值定位的信息能产生共鸣并且真实可信。此外，还包括与未聘用或拒绝工作邀请的求职者进行其他形式的沟通，以便了解他们的体验和看法。这样做是为了获得求职者和现有员工对雇主品牌更诚实和全面的看法。记录现有员工和潜在员工的想法将有助于制定更加丰富且真实可信的雇佣价值定位。

2. 结合企业战略，构建价值定位。将雇佣价值定位融入日常的工作中，与企业战略相结合。一方面，可以督促高层领导者更好地实现企业使命和愿景；另一方面，市场部门可以确保雇佣价值定位得到较好的传播。与此同时，人力资源部门可以通过沟通等方式确保潜在员工和现有员工了

---

① 新经济时代知识员工如何管理策略 . http：//jingyan. baidu. com/article/fb48e8be577f096e622e1494. html.

解员工的价值定位[①]。通过分析员工的诉求，结合企业现状，确定企业实现价值定位的途径和方式，以求构建切实有效地雇佣价值定位，让企业能够更有效地吸引求职者和留住现有员工。

在制定雇佣价值定位时，企业的调研应包含各部门、地区和不同资历的员工的意见。在参与制定的过程中，员工能够感受到一种既得利益。通过面谈建立情感联系，能够帮助员工理解公司作为最佳工作场所的原因。最终，使得员工认可企业并将其称为吸引更多人才加入的优秀雇主。

3. 传播价值定位，塑造员工品牌大使。确定雇佣价值定位以后，就要寻找相关方法将其传播给企业想要吸引的人群[②]。一方面，可以通过人才招聘渠道来传达信息，如利用企业网址、专业人才网站、广告和面试过程传达信息，以便潜在人才确定自身是否适合该企业。同时，也可以通过品牌、公关、营销来传播强大的雇佣价值定位，在劳动力市场上形成满意雇主的积极形象。另一方面，与内部员工进行有效沟通。开展培训或者各种形式的宣传交流活动，使各层次员工充分了解企业能给予自己怎样的价值。

有远见的雇主会寻求员工的帮助，确保各级员工能够有效推广雇佣价值定位。塑造员工品牌大使，其核心的理念在于将雇佣价值定位作为一种情感体验，对其进行传播。人们都希望对自己所在的企业感到骄傲。作为员工，他们应能够积极回答以下问题：从员工的角度来看，企业的哪些行动让您深受鼓舞、满怀自豪？通过构建员工与雇佣价值定位之间的情感联系，企业可以让员工成为自己的品牌大使。

4. 及时评价反馈，保持维护完善。雇佣价值定位从本质上是“获取”和“给予”的双向体验[③]。从企业角度来看，良好的雇佣价值定位帮助吸

---

① 打造雇主价值主张新招式［EB/OL］．［2013－12－03］．http：//www. asiata. com/News/Info/2013123/21157.

② 建立雇主品牌吸引优秀人才［EB/OL］．http：//wenku. baidu. com/link？url＝ns9KxJvjYfBWRXqk－.

③ 浅谈雇主品牌竞争力提升策略［EB/OL］．http：//wenku. baidu. com/link？url＝R0FC0H4F.

引、保留和激励员工，并驱动业绩；从员工角度来看，他们对雇佣价值定位的认同感决定了其为企业目标奋斗的努力程度。另外，企业内外部环境不断变化，也需要不断维护，否则费心构建的雇佣价值定位就会变成一道流程、一种摆设，无法有效地为企业创造价值。

第三节　案例解读

一、谷歌的人才细分战略

微软和谷歌分别是 IT 行业的两个时代的杰出代表：微软是个人电脑时代的帝国，谷歌则是互联网时代的新贵。十几年前，比尔·盖茨曾自豪地对记者宣布“能与我们进行人才竞争的只有投资银行高盛集团（Goldman Sachs）”。然而，随着谷歌人才竞争策略的成功实施，上百名微软精英已被谷歌挖走，甚至副总裁李开复、技术大牛马克·鲁科夫斯基等都跳槽到谷歌。大量人才的加盟，助力谷歌飞速成长。目前谷歌已经在全球 IT 业排名第二，仅次于微软，其品牌价值甚至已经超过微软。

（一）描绘人才竞争的目标对象和竞争对手：市场细分

谷歌人才竞争策略的成功，首先就应归功于其人才竞争目标对象和竞争对手的明确。对于一家企业而言，不可能市场上所有的人才都是其追逐的目标。为了有效地进行人才竞争，需要进行市场细分，即企业根据人才的特性，将其划分为若干具有某种相似特征的群体，以便选择确定自己的竞争对象和竞争对手。

任何一家想在 IT 业有所作为的企业都绕不过当时的行业巨霸——微软。作为 IT 行业的先行者和霸主，微软拥有雄厚的实力和巨大的野心。微软人才竞争的目标市场就是那部分最聪明的人，更确切一点，就是要聘用最聪明的人，即 5% 的人。尽管谷歌聘请最聪明计算机人才的雄心与微软不谋而合，但是，基于实力及其他策略的考虑，与微软大而全的人才目标

市场相比，谷歌选择的领域更为狭小：最高受教育水平并具有自我研究经验的人——常常是博士群体。在谷歌的招聘要求上，明确写着“博士优先”。而在当时，美国企业乃至微软对电脑博士都兴趣不大。一些企业对有学问的人怀有疑虑；一些企业认为博士有人格缺陷，倾向于自己闷着头搞。甚至微软的招聘人员也认为：“我们更看重员工的潜质，博士难以适应快速的产品更替。”成功的竞争对象选择使得谷歌减少了人才竞争的压力，而在实际使用过程中，谷歌发现“博士更富于创新精神”。这批博士成为谷歌挑战微软的秘密武器。

随着谷歌事业的不断壮大和实力的不断增长，其对于人才的需求飞速增长，谷歌的人才竞争目标市场不再局限于博士群体，更多拓展到具有自我研究经验的聪明人。此时，谷歌和微软的目标人才市场已经存在太多的重叠。微软员工经过几年的工作锻炼，具备了更多的“自我研究的经验”后，常常成为谷歌的人才竞争目标对象。由此，微软自然成为实力强大后的谷歌的最主要人才竞争对手，微软的员工和潜在员工注定都成为谷歌人才大战的重点争夺对象。

（二）人才竞争的有效助力工具：雇主品牌

在与微软等对手进行人才竞争时，雇主品牌为谷歌的胜利助了一臂之力。巴克豪斯指出，雇主品牌建设是指为作为雇主的企业塑造独特而有吸引力的形象。优秀的雇主品牌形象大致上可以分为五种类型：创新发展型、优化管理型、绩效薪酬型、感情文化型、工作乐趣型。微软一直强调对希望加入微软的人展现三个方面的价值：文化、机会、影响。文化，主要包括创新和多元化；机会，是指给员工提供提升自己的技能以及发展自己职业的机会，帮助员工发展，让他们成为国际化人才；影响则是指加入微软会有机会为世界最先进、领先的技术工作，以自己的力量改变世界，让世界成为一个更美好的地方。尽管微软为其雇主品牌描绘了很多特性，但在大多数员工或者作为潜在员工的目标人才群体看来，微软的雇主品牌与大部分高科技企业的雇主品牌一样，树立的都是典型的创新发展型形象，特点包括：公司注重员工的创新精神和创新行为；在公司加快技术更新换代的同时，为员工提供足够多的发展机会和培训机会；公司和员工都希望通过员工的培训，提高员工的创新技能和现代化知识，规划企业员工的职业生涯。连续多年入选全球最佳雇主榜的微软，在人们的心目中已经形成一个强调创新、鼓励竞争的大型 IT 企业印象。

虽然谷歌与微软同是 IT 行业的高科技企业，甚至不少业务雷同，但是与微软的单一创新发展型雇主形象不同，提到谷歌的雇主品牌，人们除了想到雇用最优秀的人之外，还联想到宽松的工作环境：员工可以带着狗上班，可以享受各种丰厚福利如免费美食、健身中心、24 小时开放的健身房、瑜伽课、医疗服务、营养师、干衣机、按摩服务、私人教练、游泳池、温泉水疗、以生物柴油为燃料的班车等。谷歌在考虑知识型员工对良好工作环境的要求、解决员工的后顾之忧、加强公司与员工的亲密关系、提倡家庭般的友善气氛上可谓不遗余力，这为其雇主形象打上了很重的感情文化型烙印。

与微软形成激烈竞争的文化不同，谷歌培育着一种更为学术性的文化：员工 20% 的时间自己决定，根据兴趣可以变换项目，没有以“管人”为目的的老板。这几乎给人以脱离尘世的感觉，为谷歌的雇主品牌增添了浓厚的工作乐趣型色彩。在复合但鲜明的雇主品牌形象下，谷歌对人才的吸引力与日俱增，在全球各大雇主品牌榜的排名都上升很快，2007 年已经成为全美最佳雇主榜首，2007 年和 2008 年蝉联全美最佳 MBA 雇主排行第一名。谷歌与大多数 IT 企业雇主品牌形象的差异如图 5－3 所示。

谷歌更加丰富的雇主品牌形象，吸引了大批科技人才甚至微软的骨干前来投奔。正如李开复在解密自己为什么从微软跳槽到谷歌时所言，“很多人说是谷歌花大价钱让猎头公司来找我，其实没有这回事，是我自己找谷歌的。因为我想回中国，而且我听说很多朋友到了谷歌都非常快乐”。由此可见，创新发展、感情文化、工作乐趣三合一的雇主品牌已经成为谷歌人才竞争的有效利器。

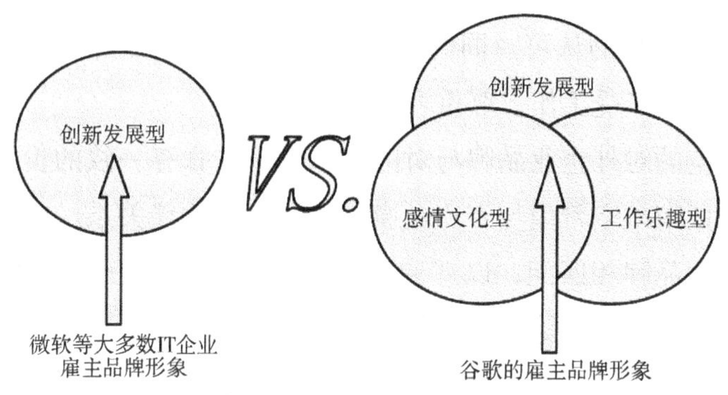

图 5 –3 谷歌与大多数 IT 企业雇主品牌形象的差异

二、澳大利亚国民银行的“更少投入、更多价值”

澳大利亚国民银行的雇主价值主张较为直接地表达出，相较于员工的贡献，澳大利亚国民银行将给予更多的回报。澳大利亚国民银行的 EVP 对员工承诺了三点回报：在一个充满无限可能性的组织中工作、发掘自身才华并尽情施展才华的工作环境与可自主选择的职业生涯。同时，澳大利亚国民银行也对潜在员工提出了三点需求：梦想与信念、充满团队精神与不断挑战自我的精神。澳大利亚国民银行的对外企业品牌与对内雇主价值主张从宣传语到内容保持完全一致，并突出了福利、学习机会与工作/生活平衡等三个模块。

澳大利亚国民银行从自身的使命与愿景中提炼出了以“更少投入、更多价值”为主题的对外企业品牌。并且，搭建了与对外企业品牌完全一致的雇主价值主张——强调将给予员工更为慷慨的回报，在传递企业文化的同时有效地实现了与同行业竞争对手的差异化。

三、美国西南航空的“自由与一生伙伴”

西南航空的雇主价值主张通过职业与事业之间的对比，强调了西南航空希望与雇员建立长期合作伙伴关系。西南航空的 EVP 对员工承诺了四方

面回报：稳定的工作、公平的学习与成长环境、充满爱与关怀的大家庭与对员工每一份贡献的认可。同时，西南航空的 EVP 对员工提出了三点需求：努力工作、享受工作、尊重客户。

西南航空的对外企业品牌与对内雇主价值主张有一致的价值定位，两者旨在强调西南航空希望与客户及雇员建立长期伙伴关系。西南航空的员工回报与企业品牌相匹配，以“自由”为主题，并进行了整体打包沟通，包括医疗、保险、财富等核心福利与发展、认可、关爱等其他特色福利。

西南航空从经营策略与愿景中提炼出了以“自由”与“长期伙伴关系”为主题的企业品牌，并且搭建了与企业品牌有着相同价值定位的雇主价值主张——“欢迎登上你人生的航班”，强调与员工建立长期伙伴关系，在传递企业文化的同时实现自身雇主品牌与同行业竞争对手的差异化。

企业品牌是企业在客户心目中的形象，而雇主品牌则是企业在现有员工与潜在员工心目中的形象。雇主价值主张作为建立雇主品牌的传播与沟通的工具，必须具有真实性与独特性等特征。同时，企业在提炼雇主价值主张时，除了突出员工回报模块外，还须融入更多组织文化因素，这将帮助企业更好地吸引与保留与之理念相契合的人才，真正使招聘工作事半功倍。

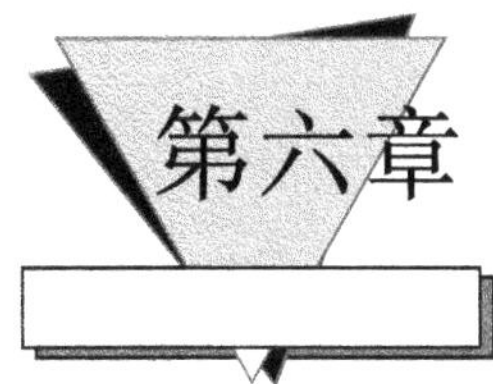

雇主品牌传播

第一节　传播策略的制定

一、理解雇主品牌传播概念

如前所述，雇主品牌在企业的人才吸引和保留等各个方面发挥着十分重要的作用，是企业整体品牌战略中十分重要的一部分。同样的，雇主品牌的传播，也与品牌的传播密不可分。

“所谓品牌传播，就是指品牌所有者通过广告、营销活动、公共关系、人际沟通等多种传播策略及各种传播工具，与内外部目标受众进行的一系列关于品牌信息的交流活动。它以构建品牌、维护品牌与消费者以及其他利益相关者的正向关系为目标，旨在促进目标受众对品牌的理解、认可、信任和体验，从而最优化地增加品牌资产”①。与之相类似，我们可以将雇主品牌传播理解或定义为：通过各种传播渠道或传播手段，将企业的雇主品牌要素包含的信息传递给其目标受众的过程。只有相关的雇主品牌要素在传播过程中被目标受众接触、认知，并进一步被接受和引起受众的正向行动，才能说雇主品牌成了一个真正的品牌。

但是，与一般的品牌传播将消费者和一般大众作为目标受众不同，雇主品牌传播的受众更有针对性，一般为劳动人才市场上的各类人才和劳动力。并且，根据传播对象与企业或雇主关系的不同，还可以进一步具体地划分为雇主品牌的内部传播和外部传播。简而言之，雇主品牌的对内传播以企业内部的在职员工为主要传播目标受众，雇主品牌的对外传播则以还未进入企业的求职者或潜在员工为主要目标受众。

作为企业传播行为的一种，雇主品牌传播具有所有传播活动所共有的特征——动态的过程，这就决定了企业的雇主品牌传播是一项开放的、系

---

① 张树庭，吕艳丹．有效的品牌传播［M］．北京：中国传媒大学出版社，2008.

统的、长期的工作，需要企业从一开始就做好雇主品牌战略规划，并保持一定的连续性，持之以恒地向目标受众传达雇主品牌信息；同时，根据企业内外部情况的变化及时对雇主品牌传播策略做出调整，以使雇主品牌保持活力。

二、明确雇主品牌传播目的

雇主品牌传播作为企业品牌传播乃至企业整体营销活动的一部分，其最终目的是与企业所有活动的目的高度一致的：从短期和表面上看，雇主品牌通过自身的传播，吸引和保留企业所需的人才，其目的是促进企业业绩提升；从长期和深层次来看，雇主品牌的有效传播能够高效地为企业聚拢其在各个领域所需要的各类人才，从而保障和推进企业各个方面的长足发展。

然而，雇主品牌传播又不同于其他企业传播行为。我们知道，企业的产品品牌更多地借助于产品的质量、功效和一系列品牌标识等具体可感的特性展现出来，其传播目的也与此紧密相关，一般都是促进商品的销售。但雇主品牌相比之下则更加抽象，因为雇主品牌是与人接触极为紧密的品牌，没有某个具体的实体依托物，其传播目的更多地通过在招职位求职者和高质量新员工数量的增加、员工离职率的降低等一系列人力资源相关指标的改善来体现。

但是，根据企业的整体发展状况以及其对人才质量、数量和构成结构的要求的不同，以及雇主品牌传播所处的阶段不同，企业还应更有针对性地制定适合其自身情况的具体传播目标。例如，对新创企业来说，雇主品牌传播方面的当务之急可能是需要更多地增加外部人才对本企业雇主品牌的接触、关注和偏好，从而为企业的发展和壮大吸引更多更符合企业发展需要的各类人才；整体处于稳步上升发展阶段的成熟型企业，则可能需要更多地通过雇主品牌的传播，保留和激励企业现有员工特别是骨干员工，使企业上下一心，向着企业愿景不断努力奋斗。

三、调动雇主品牌传播主体

不同于单纯的人力资源工作（主要由人力资源部门负责），雇主品牌涉及企业上下多个部门，可以说，雇主品牌管理不只是人力资源部门的责任，企业的每一个人都是雇主品牌传播的主体，是企业的人才吸铁石和雇主品牌代言人。要进行有效的雇主品牌传播，就必须调动企业高层、人力资源部门、公关部门（或品牌、市场、营销部门）与其他相关部门的积极性，使各个部门在雇主品牌的传播中形成合力。

企业高层（包括董事长、CEO、总裁、总经理或创始人）对雇主品牌起着决定性作用。企业高层是否具备雇主品牌意识，是否认识到雇主品牌传播的价值，是否对雇主品牌传播的意义和策略有深入而全面的理解，将直接决定该企业的雇主品牌传播水平。在很大程度上，企业的创始人或高层管理者决定了企业的文化基因、管理理念、人才战略等，而这些战略层面的理念、价值观和导向决定了企业的用人政策及执行。企业高层也可以利用自身的社会地位和身份，通过开展公益和慈善事业、参加高峰论坛、接受媒体访谈等活动，传播企业的价值观和理念，成为企业雇主品牌传播的形象大使。此外，企业高层的个人形象、人格魅力也构成企业身为雇主的吸引力因素。例如，马云、李开复、王石、潘石屹等企业高层管理者拥有众多粉丝，其人格魅力、思想理念成为其所领导企业的人才吸铁石。

雇主品牌涉及企业的多个部门，特别是人力资源（简称 HR）与公关（简称 PR）部门。雇主品牌是 HR 部门与 PR 部门的最佳结合点。对于潜在员工而言，HR 部门是企业对外的一扇窗，是应聘者接触企业的第一道门；对于现有员工而言，HR 部门更是薪酬福利、培训发展、职业规划等相关工作的具体实施者，是和员工进行沟通的主要部门。PR 部门（或品牌、市场、营销部门）擅长的是营销、传播，为雇主品牌的市场分析、定位、雇主品牌信息的提炼、传播渠道的选择等提供专业支持，能使雇主品牌的传播更有效。因此，这两个部门之间的沟通和合作尤为重要。

除了HR部门与PR部门之外，企业其他部门在雇主品牌中也扮演着不可忽视的角色。在员工招聘环节中，具体用人部门的领导需要参与其中，是企业雇主品牌信息对外传播的渠道之一；在员工工作时，各部门的工作氛围和方式、部门领导的管理方式等都在传播着雇主品牌的信息、践行着雇主品牌的价值理念。

在雇主品牌的传播中，企业高层、HR部门、PR部门（或品牌、市场、营销部门）与其他相关部门需要各司其职，协调合作，才能尽可能获得理想的传播效果。

四、整合雇主品牌传播工具

虽然在本书中，我们将雇主品牌与企业产品品牌和整体品牌从各个角度相区分，指出了这几个概念的不同之处和本质区别，然而就传播来说，雇主品牌的传播实际上与企业的产品品牌特别是企业的整体品牌传播是密不可分的。虽然雇主品牌的传播有其自身特殊的工具，如直接关系到公司内外部员工体验的企业人力资源实践，但是更多的情况是，在有些工具的应用上，这几种品牌之间无法做具体区分，传播时是将与其相关的信息一起传播给所有受众。这就要求企业在雇主品牌传播的过程中，既要利用好雇主品牌特有的传播工具，也要把握好与其他类型品牌的传播相混合的传播工具，将二者整合起来，提高雇主品牌传播的整体效果。

世界营销管理大师菲利普·科特勒在他所著的《营销管理》一书中曾指出："整合营销传播所整合的基本传播策略仍然是人员销售、广告宣传、营业推广和公共关系。"雇主品牌的传播推广也基本可以按照这个模式来进行工具梳理。

一般来讲，雇主品牌区别于其他品牌形式而特有的传播工具主要是人力资源管理实践活动，包括人力资源规划、招聘、培训、绩效管理、薪酬管理、员工关系管理、员工职业生涯管理等具体日常的人力资源相关活动，也包括在一年中的特定时期举行的校园宣讲会、专场招聘会，以及租

用展位参加社会招聘会等。在这里面，基础日常的人力资源实践类似于产品营销传播中的人员销售，而宣讲会、招聘会等则可以看作雇主品牌的营业推广。此外，在可利用的与其他品牌传播相融合的传播工具方面，则主要有广告宣传和公共关系，这两种工具主要通过从整体上提升产品品牌和企业整体品牌来间接促进雇主品牌的传播。但是，随着企业对雇主品牌的作用越来越看重，促进企业雇主品牌信息传播的广告宣传和公共关系也越来越多地被采用。

由于传播对象不同，雇主品牌的传播可以从这一角度分为内部传播和外部传播，因此，对于针对内部现有员工和外部潜在员工这两个不同的群体分别应采用怎样的具体的传播方式和策略，我们将在本章接下来的两节中进行具体说明。

五、关注雇主品牌传播效果

从本质上来说，雇主品牌传播的效果就是指传播活动给雇主品牌带来的效益。而这种效益既可能直接表现为招聘成本下降、员工离职率下降等可见的人力资源管理指标或企业经营指标的改善，也可能表现为潜在的雇主品牌认知度、美誉度和忠诚度的提高。

但是，传播活动往往由多级传播体系构成。传播信息发送者和接收者之间没有直接关系，受众接受的信息有可能不是原生态的信息，而是经过衍生和修饰的，其中的连接环节通常是各种传播渠道和工具以及运用这些工具的相关人员，它们一方面担负着接受雇主品牌信息的责任，另一方面又会扮演信息的二级传播者的角色，向其他信息接收者传递再加工过的雇主品牌信息。

此外，雇主品牌传播活动中的“干扰”也是影响雇主品牌传播效果的重要因素。干扰可以有多种来源，除了舆论领袖等二级传播者对雇主品牌信息的误读，还有当时的社会文化环境、竞争对手的雇主品牌传播活动、所使用的传播载体（如传播技术、受众对媒体的态度等）、企业与传播代

理机构之间的分歧或误解等。

在新的传播环境下，信息极大丰富，媒体格局日渐多元。在这种传播环境日渐复杂、受众信息接收习惯和生活形态变幻莫测的情况下，企业必须关注雇主品牌传播的效果。只有通过相应的方式对传播效果进行测评，才能选择最合适的传播工具，主次结合，使多参与者、多信息载体、多传播渠道形成全方位、一体化的有机结合，以一种有效、连贯的方式向特定的目标受众传达清晰、明确并且一致的雇主品牌信息。这有助于企业实现传播资源的合理配置，确保以相对低的成本投入，获得较高的传播效益。

第二节　内部传播

正如我们在前面提过的，根据具体的传播对象不同，雇主品牌的传播可以分为内部传播和外部传播，接下来的两节，我们将针对内部现有员工和外部潜在员工这两个不同的目标受众群体，对企业分别应采用怎样的具体的传播方式和策略进行说明。本节先从雇主品牌的内部传播方式和策略说起。

一、人力资源实践传播是基础

人力资源实践是雇主品牌实践的桥梁，是践行企业的雇佣承诺的最重要手段。内部雇主品牌传播，大部分是通过日常的、具体的人力资源实践活动（人力资源规划、招聘与配置、培训与开发、绩效管理、薪酬福利管理、员工关系管理）来实现的，可以说，人力资源实践传播是雇主品牌内部传播的基础。因此，雇主品牌的内部传播，也应结合这些人力资源实践的具体特点进行分析。其中，招聘环节虽然是企业雇主品牌传播活动的窗口，但因为其主要面向的是企业的潜在员工，因此本节先略过不提，在下一节的雇主品牌外部传播中再具体分析。

（一）人力资源管理运营体系方面

企业应建立专业化的人力资源管理运营体系，打造人力资源专业人才

队伍，引导创建良好的工作氛围。雇主品牌传播的推进主要靠人力资源部门，人力资源部门的一切工作都要以创立雇主品牌为思考点和出发点。人力资源部门在很大程度上代表着企业形象，人力资源部门工作者应注意维护自身形象和重视提升综合能力，在企业内努力营造和谐工作氛围，引导转变观念、转变机制。企业人力资源部门应建立战略管理、专业管理与客户服务三方面相辅相成、层次合理、权重明确、服务优良、运行高效的人力资源管理运营体系。人力资源部门应坚持每年组织开展员工忠诚度或满意度调查活动，调查尽可能覆盖全面，广泛了解员工心声，定期对企业经营管理重要活动进行检讨和提出改进方案，不断提升全体员工工作满意度和敬业度。只有人力资源管理体系和人才专业、高效，才能从根本上提高现有员工的雇用体验，取得良好的雇主品牌传播效果。

（二）在薪酬和绩效管理上

企业应完善薪酬福利保障体系，实行公开公平的绩效文化，增强员工工作满意度。人们从事工作首先是期望获得一定的报酬，因此薪酬福利是决定员工工作是否满意的重要因素，它不仅能满足员工生活和工作的基本需求，而且还是企业对员工所做贡献的尊重。企业能够提供有市场竞争力的薪酬福利待遇，实行公平的薪酬和科学的绩效考核制度，公平、客观地评价员工的工作业绩，将有力提高员工工作积极性和工作责任心。企业每年可以根据市场薪酬报告情况，适时调整不同岗位的薪酬水平，切实实行以岗定薪，按绩取酬，建立对外具备竞争力、对内具有公平性的薪酬体系。在福利方面，企业应建立完善以养老、医疗、住房为核心的福利体系，规范和优化社会保险、住房公积金以及企业年金管理，有条件的企业应建立商业性补充医疗保险项目和实行“弹性福利”体系，以更好地保障员工权益和契合员工不同类型的福利需求，持续提升员工满意度，从而留住核心、关键员工。

（三）在职业发展通道上

企业应建立多通道的职业发展阶梯，满足员工的成就感。员工进入企

业之后，尤其看重个人的职业发展前景。职业发展亦是企业激励的重要和有效手段。企业应遵循“尊重人才、发展人才”的原则，为员工提供广阔的发展空间，努力提高员工的企业归属感和个人成就感，重视吸引和留住核心员工。例如，可以建立多通道的职业发展阶梯，将员工职位分为经营管理类职位、专业技术类职位、技能操作类职位，管理职位可以设主管、副总经理、总经理，专业技术职位可以分成多个业务序列，如客群管理、运营管理、营销管理等，同时也可以设助理经理、中级经理、高级经理等，技能操作类职位可以按照工种类别分类及设计多个层级。各类职位各层级可以明确具体的晋升年资、学历、专业能力、绩效考核等级等要求及制定职位说明书，使每一位员工都有足够的职业发展空间，规划合理的成长路径，从而加深雇佣双方情感关系和留住优秀员工。

（四）在员工培训学习上

企业应构建综合化的培训学习体系，增强员工的成长感。员工的成长感，是在学习和工作过程中，对自己进步的自我感知和认同。成长是一种积极向上的状态，是可以让员工不断自我肯定、自我激励的过程。企业应本着“提高培训资源利用效率、配合业务加快发展”的原则，积极组织实施全员培训尤其是重要业务条线、中基层管理人员的培训。完善的培训学习体系应包括新员工入职培训、专业技能/管理能力提升定期培训、员工导师制度、企业内训师制度、在线学习与考试系统、交流和轮岗锻炼等。企业可以与知名院校或行业咨询机构携手，参加外训或举办内训班，拓宽管理人员国际视野，提高技术人员的专业水平。企业应以传承优秀的企业文化、培养专业敬业的员工队伍和建立学习型组织为己任，致力于搭建与自身发展战略相适应的培训学习体系，打造具有行业和企业特色的培训课程，不断提升员工素质，推进和实现员工与企业的共同发展。

（五）在员工关系上

企业要努力维护和加强员工关系，建立多层次员工关怀体系。员工关怀在国外多称为 EAP（employee assistance program），也译为“员工援助计

划”。它是组织为员工设置的一套系统的、长期的福利与支持项目。多层次员工关怀体系，是指针对规模、发展阶段、行业性质不同的组织，为满足员工多样化、多层次的需求而建立起来的、分层次的关怀体系，主要包括员工安全关怀、归属感关怀、尊重关怀和员工自我实现关怀等相辅相成的多层次关怀体系。实施多层次员工关怀，旨在帮助解决员工及其家庭成员的各种心理和行为问题，增强员工的工作投入度、满意度和对组织的认同感，提高员工的工作绩效，改善组织氛围和管理，最大限度地开发组织人力资源潜能，提升竞争力，优化团队结构，为组织可持续发展和雇主品牌传播夯实基础。在具体的关怀措施方面，要重视员工的生活和个人健康，如为员工开办内部食堂、提供优质价廉的食品和下午茶点等；要保障员工职业安全，加强工作环境改善，增加补充的医疗和意外伤害保险等；要关心员工的心理状态，开展公司年会、奖励旅游、团队拓展训练等丰富多样的员工活动，给员工带来尊重、信任、鼓励、关怀等良好的员工体验。

二、用好组织内部沟通的技巧是关键

雇主品牌的内部传播，在具体操作时，有很大部分可以说是组织内部沟通活动。组织沟通关注的是组织中的人如何阐述、管理以及改变组织的行为，其目的在于促使双方彼此之间有共同的了解，调节同感，增进目标、利益的一致性和培养群体的和谐，实现组织人力资源整合，达成组织目标。沟通分为正式沟通与非正式沟通：正式沟通一般指在组织系统内，依据组织明文规定的原则进行的信息传递与交流，如上下级之间的定期情报交换就属于正式沟通；而非正式沟通指除正式沟通渠道以外的信息交流和传达方式（小道消息）。

具体说来，雇主品牌的内部传播包括企业的规章制度、内部网站和OA系统、内部会议、内部培训、内部简报宣传册、员工之间的企业信息口头交流等各种正式沟通和非正式沟通活动。因此，用好组织内部沟通的技巧，是雇主品牌内部传播的关键。

（一）组织内部沟通的基本技巧

组织内部进行沟通时，应掌握四个基本技巧：第一，表达应该清楚，自然诚恳，并确认被理解；第二，表达一定要简单、简洁；第三，尽量用开放式的问句；第四，专心、宽容、信赖、专心地听。一般来说，倾听的最好方法是微笑看着对方，不时点点头，目光不要移开。

（二）组织内部沟通的实用技巧

除了基本技巧，组织内部沟通还有一些其他实用小技巧，包括：第一，微笑，发自内心地微笑。第二，礼多人不怪。多用“谢谢”“对不起”“请”。第三，待人热诚。第四，自信，只有你先相信自己说的话，别人才会相信你说的话。第五，注视对方，并在心中认为对方是最重要的人，这能让对方感受到尊重和被重视。第六，通过自己的言语、行为使对方感受到你对他有好印象。

第三节　外部传播

有研究显示，相比于企业内部员工，企业外部员工对雇主品牌的关注有所不同，外部员工最为关注的六个雇主品牌维度分别是工作本身、职业发展、薪酬福利、组织声誉、组织实力、工作环境[①]。也就是说，在进行雇主品牌的外部传播时，企业应该重点对上述维度的内容进行传播，展示自己在这些方面独特的雇主品牌定位，从而通过具体的传播行为将自身的雇主品牌凸显出来。

从传播主体来看，雇主品牌的外部传播以企业行为为主，但有鲜明风格的领导者的个人魅力亦不可小觑，此外，还应该关注媒体与本企业的报道等，特别是各大机构的最佳雇主评选等。在组织行为以外，在职员工、

① 张洋．企业内部雇主品牌与外部雇主品牌的功能性结构的比较研究［D］．北京：首都经济贸易大学，2015.

离职员工或者来企业面试过的人的口碑传播也很重要。口碑传播虽然范围小，但传播对象通常为有求职意愿的潜在求职者，传播更有针对性也更加精确，所以传播效果可能更好。

如前所述，整合营销传播所整合的基本传播策略包括人员销售、广告宣传、营业推广和公共关系，雇主品牌的传播推广也基本符合这个模式。除了前面一节具体阐述的人力资源实践活动外，还有可看作雇主品牌营业推广的企业宣讲会、招聘会等，以及在可利用的与其他品牌传播相融合的传播工具方面的广告宣传和公共关系。虽然后两种工具主要通过提升产品品牌和企业整体品牌间接促进雇主品牌的传播，但随着企业对雇主品牌的作用越来越看重，促进企业雇主品牌信息传播的广告宣传和公共关系也越来越多地被采用。

接下来，本节将对具体的传播策略和工具的选择进行探讨。

一、雇主品牌传播与招聘实践

企业的招聘行为以及与其相关的招聘活动，直接针对和面向的是最为接近该企业的潜在求职者，因此，雇主品牌对外传播最为直接的部分即相关的招聘实践。招聘实践可以从日常的人力资源招聘和较为大型的校园招聘活动来分别进行分析。当然，除了校园宣讲会、校园招聘会等针对应届毕业生的校园招聘活动，企业也会参加或举行面向全社会的招聘会，但是由于网络招聘的日益发展，这种招聘会的成本收益比日益下降，故不再过多阐述。

（一）日常招聘活动传播最持久

企业的人才需求是长期存在的。除了正常、合理的员工流动之外，企业规模的扩大，企业战略或者业务的调整等，都会为企业带来新的人才需求，因而企业的招聘活动也就需要持续不断地进行。企业的人力资源和相关的用人部门在进行招聘的时候，与求职者接触最多，因而招聘活动对雇主品牌传播的影响也就越大，就更需要企业在日常招聘活动中多加注意，

更好也更持久地传播企业的雇主品牌。

应聘者在没有进入面试环节之前，通过观察HR部门对外发布的招聘信息，就已经对企业形成了一个初步的印象；从一个看似简单的通知面试的电话或者HR部门人员与其的交流方式等方面，都会增加应聘者对该企业的认知和判断；应聘者进入企业之后，所有接待人员，以及相关的笔试、面试流程、环节，都会加深应试者对企业作为雇主的整体印象；对于落选者而言，HR部门人员是否与其进行后续沟通，也是他们对企业产生评价的一个维度。所以，日常招聘活动作为雇主品牌传播的“窗口”和“最重要的桥梁”，发挥着十分重要的作用，必须纳入企业雇主品牌传播规划之中，对相关活动加以规范，并进行效果监控。

（二）校园传播活动效果更长远

每到年末，一些有实力的企业就开始在一些大学里摆摊设点，轰轰烈烈搞起校园招聘。这其中动手最早、规模最大的总是一些外企。在一般人看来，这些企业都是大学生们非常向往的企业，而且一年也招不了多少人，为什么还要花这么大的人力物力进行这么长时间的招聘呢?

其实外企的校园招聘与其说是一个招聘会，不如说是一个轰轰烈烈的雇主品牌推广活动。这些企业的校园招聘活动往往是由品牌推广部门开展的，推广的目标不仅仅面对应届生，更会向下延伸到低年级的学生。学生在校期间将连续几年获得企业的信息，频繁地近距离接触企业，将对企业产生很多具体的感知印象。到毕业时，优秀的学生就会首先把目标锁定在那些他们熟悉青睐的企业上。从这种意义上来说，校园传播活动虽然最多也仅仅持续两三个月时间，但传播效果似乎更长远。因此精于雇主品牌推广的企业，总是能把那些最具潜力的优秀学生招聘到企业里来，不断为企业输送新鲜的血液，有的企业甚至为此成立了专门的机构。

雇主品牌的校园传播能有效帮助企业网罗最优秀的应届毕业生人才，更能屏蔽掉价值观不一致的人才，减少招聘风险，降低招聘成本。因此，很多企业都不遗余力地进行校园招聘活动，通过各种渠道和方式促进企业

雇主品牌的校园传播。

以百度的雇主品牌校园传播为例。首先，百度建设了百度校园招聘官方网站，并且有百度校园招聘、百度招聘、百度校园、百度质量部等多个微博认证账号；每年校招季，百度都会将年会视频、部门视频和 HR 招聘视频放到优酷土豆、酷 6、爱奇艺等各大视频网站，并通过高校就业网、BBS、人人网、招聘门户、应届生等多个大学生常用的社交和招聘网站进行宣传；此外，还会通过各种报纸、媒体软文和口碑传播百度“校园招聘职位数量庞大”“名校生源众多”等内容。同时，百度还注重修炼内功，通过调查研究校招同学关心的问题并且尽量均衡各项指标，从工作稳定性、发展机会、户口、福利、男女朋友、办公环境、人文环境、轻松的氛围、良好融洽的员工关系等各个方面进行雇主品牌建设和有针对性的雇主信息传播。

二、雇主品牌传播与广告宣传

广告是企业整体的营销传播组合中十分重要的组成部分，是运用得最为广泛和最为有效的营销手段，也是重要的雇主品牌传播手段之一。

广告的概念，严格来说可划分为广义和狭义两种。广义的广告即“广而告之”，是指向广大公众传递信息的手段和行为；狭义的广告，确切地讲即商业广告，是指企业为扩大销售获得盈利，以付酬的方式利用各种传播手段向目标市场的广大公众传播商品或服务信息的经济活动。利用广告进行雇主品牌的传播，需要注意以下几点。

（一）将雇主品牌的传播融入其他品牌的广告宣传之中

虽然在本书伊始，我们就重点讨论了雇主品牌与企业的产品品牌和整体品牌之间的差异和区别，但三者之间又是紧密联系、不可分割的。雇主品牌和产品品牌一直是企业整体品牌建设的重中之重，将两个品牌结合起来进行整合传播，不仅有利于雇主品牌自身的建设，也可以使产品品牌得到巩固和加强。例如，宝洁产品销售部奉行“以人文本”的宗旨，强调在销售产品的同时打造雇主品牌形象。公司将各级销售经理作为销售部最宝贵的资源，为各级销售经理设计了完美的职业生涯发展道路，不断提供更具挑战性的职位、更具吸引力的薪酬与福利待遇以及更高层次的培训方案。宝洁公司还提出一些经典的销售管理理论，不但成为内部员工口口相传的经典，也向外界塑造了优秀雇主品牌形象，如“用数据事实说话”“一切从结果着想”“思维清晰和行动果断”“为对方考虑容易的下一步”“积极主动并勇于创新”等。

可以说，一个企业的产品和服务品牌，以及企业的整体品牌，都对雇主品牌有影响，而且在企业实际的品牌传播活动特别是广告宣传中，大多数情况下，这几个不同的“品牌”之间是不会也没有办法加以明确区分的，所以，除了像招聘广告这样具有独特传播目的的雇主品牌广告外，一般的广告没有特别对这几种不同的品牌进行区分，只不过，就雇主品牌的传播本身来说，我们更强调在常见的产品品牌和企业整体品牌的广告宣传中，要更加注重其中对雇主品牌传播的部分，通过适当地运用广告制作和投放技巧，增加广告传播中的雇主品牌信息，从而促进雇主品牌的广告传播。

（二）结合不同媒体特点选择雇主品牌的广告宣传媒体

广告是利用各种传播媒体来传递商品和服务信息的，这就形成了广告宣传的一些固有特征。①传播面广。由于传播媒体能大量复制信息并广泛地进行传播，所以广告的信息覆盖面相当大，可以使企业及其产品在短期内迅速扩大影响。②间接传播。由于通过传播媒体进行宣传，广告主同广告的接受者并不直接见面，所以广告的内容和形式对于广告的宣传效果就会产生很大影响。③媒体效应。消费者是通过传播媒体来获得产品和服务信息的，所以媒体本身的声誉、吸引力及其接触的可能性都会对广告信息的传播效果产生正反两方面的效应。④强调经济效益。由于广告对传播媒体的利用是有偿的，所以企业的广告活动就必须重视经济效益，必须对广告费用的投入及其产生的促销效果进行核算和比较。此外，根据传播媒体

的不同，不同形式的具体广告宣传手段还另有其特点。

第二次世界大战以后，在科技进步与经济增长的双重驱动下，世界广告事业进入了发展的黄金时代。除了被称为“四大广告媒体”的报纸、杂志、广播、电视外，广告的传播手段不断更新与丰富，呈现高科技化的特点，声图文并茂、形象生动的电视倍受受众喜爱而成为一种主要的传播媒体，而近些年光纤、激光、电脑等技术手段也逐步走上了广告的舞台，以此为契机，各种新媒体逐渐成为广告传播的重要媒体，力量不容小觑。因此，企业在进行雇主品牌的广告宣传时，要更多地考虑这些情况，在选择宣传媒体时，除了对传统的性价比较高的电视广告进行关注外，还应注重对网络媒体进行运用，比如建设好企业的官方网站，注重各类招聘网站上企业相关信息的维护和口碑信息的检测反馈，构建和维护好企业的微博官方账号和微信公众账号。虽然有调查显示，从传播内容来说，企业的官微等最主要的内容是传播企业的产品和服务信息，占信息总量的45%左右，只有15%左右的内容与雇主品牌关系较为紧密的公共关系相关，但有一些企业同时也建立了相应的雇主品牌官微或者招聘官微，这也是对雇主品牌传播的一种很好的补充宣传途径。

三、雇主品牌传播与公共关系

公共关系是企业促销的又一重要策略，也是雇主品牌传播中十分重要的一环。对于一般的品牌传播来说，公共关系是企业利用各种传播手段，同包括顾客、中间商、社区民众、政府机构以及新闻媒介在内的各方面公众沟通思想情感、建立良好的社会形象和营造良好的营销环境的活动。

不同于一般的营销传播活动，公共关系具有以下一些基本特征：第一，企业运用公共关系，不仅是为了推销企业的产品，而主要是为了树立企业的整体形象，通过企业良好形象的树立来改善企业的经营环境；第二，公共关系的传播手段比较多，可以利用各种传播媒体，也可以进行各种形式的直接传播，而公共关系对传播媒体的利用，通常是以新闻报道的

形式，而不像广告那样需要支付费用；第三，公共关系的作用面比较广泛，其作用于企业内外的各个方面，而不像广告那样更多地针对企业产品的目标市场。

随着现代社会系统的发展，社会活动各方面的关联性增强，相互间的影响作用越来越大，企业营销和传播活动所面临的环境制约条件增多，如环境保护法、消费者利益保护、反垄断、贸易限制等。现代企业的经营活动必须同其环境条件相适应，处理好同社会各方面的关系，寻求社会各方面的认同，才有可能改善企业的营销环境。正因为如此，现代企业的营销和传播活动必须把公共关系作为重要的促销手段。

（一）明确企业的雇主品牌形象

企业运用公共关系，首先必须确定企业的形象目标，雇主品牌利用公共关系进行传播也不例外。企业应当在对雇主品牌面向的社会公众进行充分调查研究的基础上，对于建立什么样的企业雇主品牌形象、建立到什么程度等问题做出决策。企业应当在自身的各种雇主品牌形象素质中选择最能反映企业优势和特征的某些要素作为企业雇主品牌形象的主要方面，并将其融入能引起社会公众注意并广泛传播的企业整体品牌形象标识中，认真地塑造目标雇主品牌形象；企业还应通过一段时期的公共关系活动，对促使企业知名度和美誉度提高的期望程度做出具体规划，从而构成企业的雇主品牌形象目标。

企业雇主品牌形象目标的建立同企业产品发展规划一样，也有一个“形象定位”的问题。应当根据企业雇主品牌形象目标的基本特征和发展水平，准确地确立企业的雇主品牌形象位势。企业雇主品牌形象位势的确立应当同企业的营销目标和雇主的市场位势相一致；应当从企业雇主品牌形象的现状和实际发展能力出发；应当避免同其他企业，特别是竞争企业的雇主品牌形象位势发生重叠，应当突出自己的特征，发挥自己的优势。

（二）综合运用公共关系的基本策略

雇主品牌公共关系策略可分为三个层次：一是公共关系宣传，即通过

各种传播媒体向社会公众进行宣传，以扩大雇主品牌的影响；二是公共关系活动，即通过支持和组织各种类型的社会活动来树立雇主在公众心目中的形象，以获得公众的好感；三是公共关系意识，即企业营销人员在日常经营活动中所具有的树立和维护企业整体形象的意识。公共关系意识的建立，能使公众在同企业的日常交往之中就对企业留下深刻的印象。从这个意义上讲，公共关系应经常融于企业的其他雇主品牌传播策略之中，同广告等手段结合使用，从而使促销的效果得以增强。

具体来讲，企业在营销活动中运用公共关系通常采用以下一些手段：①新闻宣传。企业可通过新闻报道、人物专访、记事特写等形式，利用各种新闻媒介对企业进行宣传。新闻宣传不用支付费用，而且具有客观性，能取得比广告更为有效的宣传效果。但是新闻宣传的重要条件是：所宣传的事实必须具有新闻价值，即应具有时效性、接近性、奇特性、重要性和情感性等特点。所以企业必须十分注意提高各种信息的新闻性，使其具有被报道的价值。②广告宣传。企业的公共关系活动中也包括利用广告进行宣传，这就是前文所提及的公共关系广告。公共关系广告同一般广告之间的主要区别在于，其以宣传企业的整体形象为内容，而不仅仅是宣传企业的产品和劳务；其以提高企业的知名度和美誉度为目的，而不仅仅为了扩大销售。公共关系广告一般又可分为以直接宣传企业形象为主的声誉广告，以响应某些重大的社会活动或政府的某些号召为主的响应广告，以及通过广告向社会倡导某项活动或提倡某种观念为主的倡议广告。③企业自我宣传。企业还可以利用各种能自我控制的方式进行企业的形象宣传。例如：在公开的场合进行演讲；派出公共关系人员对目标市场及各有关方面的公众进行游说；印刷和散发各种宣传资料，如企业介绍、商品目录、纪念册等，有条件的企业还可创办和发行一些企业刊物，持续不断地对企业形象进行宣传，以逐步扩大企业的影响。④社会交往。企业应通过同社会各方面的广泛交往扩大企业的影响，改善企业的经营环境。企业的社会交往活动不应当是纯业务性的，而应当突出情感性，以联络感情，增进友谊为目的，如对各有关方面的礼节性、策略性访问，逢年过节发礼仪电函、送节日贺卡，进行经常性的情况通报和资料交换，举办联谊性的舞会、酒会、聚餐会、招待会等，甚至可以组建或参与一些社团组织，如联谊会、俱乐部、研究团体等，同社会各有关方面发展长期和稳定的关系。

公共关系对于促进销售的效应不像其他促销手段那样立竿见影，但是一旦产生效应，其作用将是持久的和深远的，对于企业营销环境的根本改善能发挥特殊的效应，是企业促销策略组合中不可忽视的重要策略。

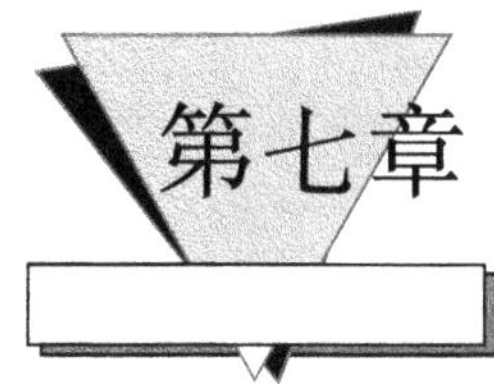

雇主品牌管理实践

第一节　雇主品牌管理体系

一、外部声誉

相关机构调研显示，谷歌成为新加坡员工最想去工作的企业，紧随其后的是壳牌与新加坡航空公司。调查显示，企业声誉已经超过薪资成为人才选择去企业工作的首要因素，这不仅表现在普通员工身上，不同阶段的人员诸如毕业生、高级管理人员等都将企业声誉作为其选择雇主的首要考虑因素。除了雇主声誉之外，福利与激励机制成为人们选择雇主的第二大关键因素。薪资成为新加坡人选择企业的第三个因素，紧随其后的是学习/培训发展机会等。

相关数据表明，近3年来我国企业薪酬增长放缓，但2015年全行业主动离职率仍有16.5%，企业正从“用薪留人”向以薪酬、激励、认可、福利、人才发展等多方融合的雇主品牌升级。在此趋势中我们不难发现，最佳雇主在品牌声誉、加入前后体验是否一致、员工对企业的认可度和自豪感等多维度全面领先市场平均水平。

雇主品牌是一种口碑，员工是公司雇主品牌的最佳代言人。获得内部员工对雇主品牌的正面认可，是雇主品牌内部建设的关键，也是雇主品牌外部推广的基础。企业应让潜在雇员和已有雇员亲身体验到雇主品牌的价值，同时必须善待离职者，因为他们也是企业雇主品牌的代言者，他们的不满无疑就是对雇主品牌的打击。

二、内部传播

企业内部传播的场景见图7－1，包括企业内网、企业网站、员工会议、企业办公场所项目位置。

在优秀雇主的企业中，内部传播往往做得很出色。在每个案例中，我

图 7-1　内部传播场景

们都可以发现优秀雇主相比于其他企业，使用更多的传播渠道。传播渠道的种类非常多，企业需要分析目标员工的需求以及了解他们如何使用每种渠道，了解是否有真正值得投入的特殊渠道。或者通过一些前期的实验或测试，来衡量哪种渠道的效果更好。在确定目标渠道后，可以将员工及其在企业的工作体验放在首要位置，可以通过与员工进行视频访谈，讨论他们的工作感受，也可以发布照片，如员工活动、慈善活动或其他任何体现企业内部文化的相关照片。甚至可以定期针对不同的员工使用不同的沟通传播渠道，以全面展现员工对于工作的不同看法，这将形成轰动效应，比任何文字信息都能够更好地展现企业内部文化。

三、高层管理

要让雇主品牌推广计划从一开始就顺利推进，没有什么比获得首席执行官的支持更重要了。相关研究机构调查表明，44.5%的品牌企业获得了CEO或总裁等高层管理人员对雇主品牌推广活动的支持，如表7-1所示。

对于获得高层的承诺、管理和支持的企业来说，雇主品牌的塑造、推广将容易得多，但对于那些还未获得高层领导支持的企业而言，难度则很大。如果企业的高层对于雇主品牌的推广并不是很认同，那我们如何

做呢？

表 7 – 1　雇主品牌的主要支持者及参与的部门

雇主品牌的主要支持者	参与提升雇主品牌的部门
首席执行官/总裁	人力资源部
非首席执行官管理团队成员	非 CEO 管理团队成员
人力资源部	CEO/总裁
人才招聘职能部门	市场营销部
市场营销部	传播部/公共关系部
其他	内外部销售人员

首先，与高层管理者的对话可以变成更具有商业价值的对话。在与高层交谈的过程中，可以回顾企业的人力资源战略，对比企业当年的业务战略，然后说明雇主品牌为企业战略、人力资源规划提供支持并改善如下重要指标：①单位招聘成本——向高层管理者说明如何通过直接增加应聘者申请人数和减少第三方代理费用，来降低单位招聘成本。②招聘周期——减少填补空缺职位的时间可对营业收入产生重要影响。例如，某些关键职位的空缺会造成收入损失，因此，通过增加更多的直接申请者、潜在员工能够更快地填补这些职位，这将有助于增加企业的收入。

其次，确保商业论证有事实和数据支持。考虑有助于减少单位招聘成本或缩短招聘周期的所有因素，如招聘流程的变更。

再次，确保相关部门向高层领导者传递清晰的雇主品牌信息。确保人力资源部、市场营销等部门不会向高层领导人员传递关于雇主品牌推广的模糊信息。让这些团队在品牌的定义和表述方面达成一致，并在商业案例中进行协作。同样重要的是，任命一位领导者负责这项工作，最有可能的是人力资源部或市场营销部主管。获得高层领导者对雇主品牌的支持可能是一个反复的过程，通过明确展现雇主品牌活动的业务价值，逐一赢得领导者的支持。将注意力放在真正推动业务发展部门的领导者身上，尤其是那些负责市场扩张和新产品投放的领导者，或是业务亟须高技能人才的领导者。

最后，确定利益相关者及其角色。管理雇主品牌与打造雇主品牌一样重要。相关研究机构调查显示，确定雇主品牌责任人是尤其重要的，将近一半（44.6%）的雇主表示，他们明确了品牌责任，而这些雇主在人才管理、企业战略的执行上收效显著。尽管80%的受访者表示人力资源部是雇主品牌推广的主要参与方，但调查表明，人力资源部的一些特定职能领域相对而言扮演着更加重要的角色。将近四分之一的受访者认为招聘部门在这方面起到最重要的作用。有趣的是，就这些人力资源不同领域在打造雇主品牌的协作和平衡性而言，优秀雇主在这些领域的平衡性更佳。

四、企业社会责任

（一）企业社会责任的产生与发展现状

1. 企业社会责任概念的产生。企业社会责任（Corporate Social Responsibility）的概念是伴随着19世纪晚期企业迅速发展所带来的各种社会问题产生的。在这之前，受亚当·斯密（Adam Smith）经济理论的影响，人们普遍认为企业唯一的任务就是在法律允许的范围内追求利润最大化，企业如果做到了这一点，就实现了其最主要的责任。①

19世纪末20世纪初，人们注意到工业革命在促使社会经济取得巨大发展的同时，也带来了资源浪费、环境污染、暴力犯罪和种族主义等一系列严重的社会问题，批评家们开始纷纷指责“社会达尔文主义”的残酷和冷漠，以及企业单纯的逐利行为所带来的诸多负面影响，并由此引发了对企业社会责任问题的思考。

一般认为，企业社会责任的概念最早是在1924年由美国学者欧利文·谢尔顿（Olive Sheldon）提出的。谢尔顿在其专著《管理的哲学》一书中指出，工业的目标不单纯是生产商品，而是生产社会上一部分人眼中

---

① 乔治·斯蒂娜，约翰·斯蒂娜．企业、政府与社会［M］．北京：华夏出版社，2002：127，139.

有价值的商品。他把企业社会责任与企业经营者满足企业内外人们需要的各种责任联系起来，认为企业社会责任应包含道德因素在内，并主张企业的经营要有利于促进社区利益。但是，谢尔顿并没有给出企业社会责任的具体定义。直到 1953 年，霍华德 · R. 鲍恩（Howard R. Bowen）在《企业家的社会责任》一书中对企业社会责任进行了明确定义：“企业社会责任是指企业按照我们社会的目标和价值观的要求，向有关政府靠拢，做出相应决策，采取具体行动的义务。”虽然企业社会责任的早期开创者并没有对责任的内容进行明确的限定，但其主旨是明确的，即企业社会责任是指企业在为股东服务、追求利润最大化目标之外对非股东和其他利益相关者所承担的义务和责任，这在一定意义上标志着现代企业社会责任观念的开始。

2. 全球化背景下企业社会责任的概念。进入 21 世纪，为了适应经济全球化的进一步发展，许多国际组织也提出了顺应这一趋势的企业社会责任概念。欧盟（2001）在有关文件中把企业社会责任描述为：企业在自愿基础上，把对社会及环境的关切整合到其经营运作以及与其利益相关各方的互动过程中。世界银行（2003）将企业社会责任定义为：企业为改善利益相关者的生活质量而贡献于可持续发展的一种承诺。国际雇主组织（2005）认为，企业社会责任是一种企业自愿性的措施，企业应有权决定是否在超越国家法律范围之外做出其他社会贡献。可以看出，在当今的国际环境下，人们对企业社会责任提出了更高层次的要求，一是要履行道德与慈善层面的责任，二是要符合社会利益并有益于可持续发展。

虽然对于企业社会责任的定义和分类的研究自概念产生之时就已经开始，但是至今没有统一的结论。大卫等（David et al，2002）对北美和欧洲的一些国家的企业社会责任进行了比较研究，指出在不同的社会文化背景和制度安排下，个人和组织对社会责任有着不同的概念认同和维度划分。因此，基于已有的研究成果并结合我国的国情，本书认为，企业社会责任是企业在生产经营过程中，在对经济、社会、环境以及股东利益进行

综合考虑的同时，应该主动承担的其他利益相关者的责任，主要涉及员工权益保护、环境保护、商业道德、产品安全卫生、社区关系、社会公益等问题；这些责任是建立在相关法律基础上并高于相关法律的，有利于保证企业的生产经营活动对社会产生积极影响，对人类的可持续发展做出贡献。

3. 发达国家企业社会责任发展现状。从谢尔顿提出“企业社会责任”概念至今，国际上企业社会责任的发展日臻成熟，社会责任的履行、监督和推进等机制也趋于完善。美国是世界上最早研究企业社会责任的国家，目前其对企业社会责任的理论研究和实践已进入全球化阶段。很多美国企业都自主制定了详尽的企业行动宪章（business conduct code）或类似的道德守则（code of ethics）来规范企业自身的行为。此外，不少企业设置了直属董事会的道德委员会或道德责任者等专门机构，专门监督企业的经营行为，形成企业社会责任内部监督机制；来自企业外部的审计机构对企业社会责任进行审计，构成企业社会责任外部监督机制。这两种监督机制相互配合，共同督促企业承担社会责任。越来越多的企业主动对外公布社会责任报告，接受公众监督。在日本，企业社会责任实施坚持“以人为本”的原则，高度重视员工利益，这是日本实施企业社会责任中最突出的部分。日本企业一般都实行终身雇佣制及年功序列制，努力把企业变成员工的大家庭，关注员工的工作、生活以及个人价值的提升。

在政府协调与监督方面，美国主要依靠日臻完善的法律法规和各种引导手段。美国制定有专门的《企业责任法案》，明确要求企业承担相应的社会责任。此外，其他相关法律法规也体现了社会责任的要求。在美国，通过公开宣讲和设立奖项，如优秀企业奖、优秀环境保护奖、优秀臭氧层保护奖等，可以鼓励企业主动承担社会责任。另外，通过为企业提供有关信息和补助金、与企业和其主要利益相关者进行合作等方式，大大提高了企业履行社会责任的积极性。瑞典政府在推动企业社会责任方面一直持积极态度。2002 年 3 月，瑞典首相与外交部长、工业就业和交通部长共同提

出“可持续发展全球责任伙伴计划”，目的是促进经济合作与发展组织“跨国企业指南”和联合国“全球契约”的原则在瑞典的实施。为了推动这一战略的实施，瑞典政府在外交部设立了“可持续发展全球责任伙伴计划”办公室，用于协调政府各部门间的政策和措施，组织专家对社会责任有关问题进行研究分析，介绍企业的典型经验，并通过驻外使馆与投资商、采购商和生产商沟通，推动瑞典企业和贸易国企业履行社会责任。法国、英国、德国、荷兰等在各自立法中确立了倾向于就业、工资、工作条件等问题的企业社会责任。欧盟委员会于2001年向欧洲议会提交了《欧洲企业社会责任框架绿皮书》，正式引入企业社会责任的概念。到目前为止，欧盟所有国家都制定了国家层面上的企业社会责任战略，并得到了各国国内产业界、利益相关方、非政府组织等多方面的支持。

另外，发达国家还形成了众多规模大、专业水平高的企业社会责任协会与咨询机构。美国商务社会责任国际协会（Business for Social Responsibility，BSR）成立于1992年，是企业社会责任领域规模最大、专业化程度最高的国际机构。通过咨询顾问服务、前瞻性研究与开发、行业协作与沟通，它为遍布全球的250家会员企业与机构提供企业社会责任专业服务，并致力于开发企业可持续发展战略及解决方案。商务社会责任国际协会一方面向企业提供咨询服务，另一方面督促和鼓励企业承担社会责任。创立于1995年的欧洲企业社会责任协会（European Corporate Social Responsibility），不仅帮助企业分享社会责任实践成功经验，而且给公众提供了一个良好的监督平台。该协会的会员包括80多个跨国集团和20多个国家合伙组织，其目标是支持成员将企业社会责任理念融入日常经营当中去。这些非政府组织不仅通过前瞻性研究和开发，完善了企业社会责任的理论研究，而且以引导手段，促进企业社会责任的良性发展。只有充分发挥新闻舆论、行业公会、国际组织的作用，形成多层次、多渠道的监督体系，才能完善企业承担社会责任的社会环境。

4. 我国企业社会责任发展现状。与发达国家相比，我国企业社会责任的研究与实践起步较晚。改革开放以前，我国的企业基本是公有制或者集体制，没有自主权，是在行政命令领导下有计划地执行自身的管理，企业社会责任无从谈起。改革开放之后，我国开始拥有真正意义上自主经营、自负盈亏的企业，才开始涉及现代意义上的企业社会责任。随着市场经济体制的确立，特别是 2001 年加入世界贸易组织之后，我国企业真正面向世界，西方国家的企业社会责任运动开始进入我国。国内劳工问题受到西方国家、国际组织以及跨国公司的广泛关注，一些跨国公司对我国企业专门制定了工厂守则，并要求我国的出口加工企业遵守这些准则。2004 年，以劳工保护为核心内容的企业社会责任标准 SA8000 在国内广泛传播，国家也相继出台了一系列法律法规，更多的企业开始关注和参与企业社会责任的建设与完善。

2006 年被认为是我国企业社会责任发展的新纪元，第一次从法律、国家发展战略方针、国家领导人等各个方面同时对企业社会责任加以肯定。2006 年 1 月 1 日生效的《中华人民共和国公司法》修订案在其总则的第五条中规定“公司从事经营活动，必须遵守法律、行政法规，遵守社会公德、商业道德，诚实守信，接受政府和社会公众的监督，承担社会责任”，即明确提出了公司要承担社会责任，并提出了遵守法规和社会公德的具体要求。2006 年 10 月在党的十六届六中全会审议通过的《中共中央关于构建社会主义和谐社会若干重大问题的决定》中，明确提出“广泛开展和谐创建活动，形成人人促进和谐的局面。着眼于增强公民、企业、各种组织的社会责任”，不但指明企业和各种组织都要履行社会责任，而且将企业社会责任与构建和谐社会这一重大战略目标相结合。同年，国家电网公司向社会公开发布中央企业第一份企业社会责任报告，温家宝总理在报告的批示中指出，“这件事办得好，企业要对社会负责，并自觉接受社会监督”。在此之后，我国企业社会责任进入快速发展的新阶段。

在劳动者权益保护方面，随着 2007 年新《劳动合同法》《就业促进法》等的颁布，劳动立法与检查机制逐步完善，各级工会组织相继组建，

行业协会和企业组织不断壮大。在产品质量安全方面，自2000年至今，我国产品质量抽样合格率显著上升，质量投诉、申诉案件呈下降趋势；在企业慈善捐赠方面，我国90%以上的企业有过慈善捐赠行为，捐赠额不断攀升。2008年汶川地震，我国企业界踊跃投身抗震救灾，积极参与慈善捐赠，这一年的捐赠总额是2007年的4.79倍。此外，越来越多的企业开始发布企业社会责任报告。2010年1月到10月，我国发布的各类企业社会责任报告达663份，较2009年增长14%，占全球报告总量的15%左右，且报告整理水平有一定的提升；各类有关企业社会责任的学术论坛和研讨会也相继召开，就企业管理、劳动关系、企业慈善和环境保护等具体议题进行交流与探讨。

（二）企业社会责任与雇主品牌

1. 对雇员的责任——社会责任的重要构成，雇主品牌的基础前提。

（1）对雇员的责任是企业社会责任的重要组成部分。企业社会责任是企业与关键利益相关者的关系、价值观、遵纪守法以及尊重人、社区和环境有关的政策和实践的集合。它是企业为改善利益相关者的生活质量而贡献于可持续发展的一种承诺。在这种承诺下，企业履行的社会责任潜移默化地影响着与它们紧密维系的利益相关体，消费者以及潜在员工对企业的态度正在从侧面反映企业修身立命的态度。围绕着多方利益相关者，企业社会责任的内容包括企业对股东的责任、对员工的责任、对消费者的责任、对供应商/经销商的责任，以及对政府、社区、竞争对手、媒体等的责任。

我国企业社会责任工作的主要任务包括：坚持依法诚信经营，维护良好市场经济秩序；不断提高经营业绩，增强企业持续发展能力；维护员工合法权益，构建和谐稳定的劳动关系；大力加强环境保护，不断降低资源消耗；高度重视安全生产，保证员工安全与健康；积极参与公益事业，推动和谐社区建设。在我国经济发展的形势下，在我国企业社会责任建设中，对员工的责任是重要的方面，这包括认真贯彻执行各项劳动法律法

规，确保工作环境和工作条件的安全与健康，公平公正地进行员工的雇佣与配置，适当照顾残疾人、女性、少数民族等社会弱势群体，以及为员工提供足够的培训与发展空间等。

（2）对雇员的责任是雇主品牌的基本要求。雇主品牌建设中对雇员的责任强调，在工作环境方面和工作条件方面，确保工作场所符合安全与健康标准，尽早防止或预防员工在公共场所发生安全事故或受到各种职业伤害，从而保持员工身心健康；在员工雇佣和配置环节，企业应当在贯彻公平、公开、公正原则的基础上，适当照顾残疾人、女性、少数民族劳动者，包括下岗工人等特殊人群的就业，防止由于甄选工具本身对特殊人群就业造成的歧视；在培训方面，企业应当为员工提供足够的培训与开发的机会，通过一定的人力资本投资活动来强化员工的就业能力，使员工始终保持较强的市场竞争力；在解雇与裁员方面，企业应尽可能多地承担自己的责任，以减少解雇与裁员对员工产生的压力和巨大冲击；及时发现员工在生活、工作中存在的各种问题，制定员工帮助计划，在一定范围内协助员工解决各种对工作造成影响的问题，促进员工工作与生活之间的平衡等。

雇主品牌以对雇员的责任为基础，维护员工权益、保障员工安全与健康只是拥有良好雇主品牌的最基本要求。雇主品牌建设的关键在于提升雇员的雇佣体验，这种雇佣体验强调与竞争对手相比的独特性，要反映组织文化的特色和内涵。雇主品牌既具有功能维度，同时也具有情感维度。从绩效管理到薪酬福利，每个维度在发挥其基本功效的同时，还要坚持品牌文化的标准。例如，在监督与管理绩效方面，要能够证明每个员工都公平地受到了高度的重视，以能够与其他同类品牌区分开来；在薪酬方面，从物质上吸引和留住与企业使命联系在一起的员工，将重点放在关键业务中和创造企业利益的相关人身上。对薪酬项目进行改造，以创造公众眼中具有独特价值的激励因素；在组织文化方面，全面考虑管理风格、组织氛围、各层级管理者的魅力和领导力等因素，以塑造雇主品牌的情感维度。

（3）雇主品牌与企业社会责任的差异比较。首先，产生的时代背景不同。企业社会责任的概念产生更早一些，它于20世纪前半叶在美国等西方资本主义国家产生，并在六七十年代以后得到许多国家理论界和实务界的广泛注意与支持。企业社会责任的产生根植于一定的社会生活条件，既与当时的整个社会经济结构变迁及其引发的人们思想观念的变化有关，又与当时凸显的一系列社会问题和爆发的社会运动有关，而这些主要因素就是企业社会责任生成的时代背景。雇主品牌概念产生于20世纪末，其产生和发展根源于知识经济人才的竞争。那些以信息和知识为基础，由技术和服务驱动的组织需要通过建立优秀的工作场所，塑造独特的理想雇主形象，以在人才竞争中占得先机，由此，雇主品牌成为很多组织赢得竞争人才优势的新的理念和方法。

其次，目标作用不同。企业履行社会责任不仅是要维持自身的长远发展，更是社会上多方利益群体维护各自利益的共同要求，同时还是企业作为社会重要组成部分，在良心与道义的驱动下，自觉主动地为社会提供帮助、做出贡献的表现。建设雇主品牌的目的在于建立人才竞争的优势，充分发挥员工的创造力。优秀的雇主品牌注重在企业内部建立与员工的情感维系，以提升员工对组织的认同，培养敬业的员工；注重在企业外部树立良好的雇主形象，以吸引优秀的人才，建立组织的人才竞争优势。

再次，目标对象不同。企业社会责任的目标对象是利益相关者，包括企业的员工、消费者、供应商、社区和政府等；雇主品牌的目标对象包括目标潜在员工、离职员工和现有员工。

最后，关注的内容不同。在对雇员的责任上，保证员工的健康和保障员工的权益是雇主品牌塑造和企业社会责任建设共通的内容。但两者关注的内容范畴存在差别。企业社会责任关注企业在追求利润最大化的同时或者在经营过程中，特别是在进行决策时，除了要考虑企业本身的利益之外，还需要考虑其他利益相关者的利益和社会的利益，除了考虑其行为对自身是否有利外，还应考虑对他人是否有不利的影响，如是否造成公害、

环境污染、威胁人身健康、资源的浪费等。因此，除对雇员的责任外，如何协调与平衡其他利益相关群体，也是企业社会责任需要考虑的。这已超越了法律的基本要求和企业追求自身发展的根本目标，更多地涵盖了道德层面的内容，是需要企业去自觉承担的。雇主品牌关注如何为员工创造高水平的工作体验，提升雇员的忠诚度、敬业度，如何建立雇主品牌市场形象，提升对潜在雇员的吸引力。这些不仅涉及基本的员工权益的保护，而且涉及组织内部的管理风格、文化氛围、薪酬福利、职业发展等方面的塑造和完善，组织外部对雇主品牌所承诺的工作体验的推广。

2. 组织社会价值理念——企业社会责任在雇主品牌塑造中的作用。

（1）雇主品牌，将企业外部与内部联系起来。雇主品牌所涉及的并不仅仅是企业内部发生的事情。如果雇主品牌仅仅局限于人力资源问题或者公关部门问题，其唯一目的是"让雇员感觉更好"的话，企业的雇主品牌绝对不可能得到完全的发展。雇主品牌的作用在于它对于企业战略的支持。"成功雇主品牌的关键在于与企业战略的一致，"蒂亚吉欧公司（Diageo）的伊冯娜·拉金说，"企业战略为雇主品牌的存在提供理由。"① 雇主品牌的力量在于它如何将内部体验与企业外部需要联系在一起。雇主品牌强调，要将企业外部发生的事情与内部发生的事情联系起来。只有当雇主品牌表明企业的身份、任务和价值观时，雇主品牌才能真正反映你所在的企业。在内部建立雇主品牌的过程中，只有综合企业的本质身份、任务和价值观，在为员工包装企业内部灵魂之前去探求企业的内部灵魂，才可能做到上述这一点。

为了对雇主品牌有全面的描述，企业一定要将重点集中在企业外部发生的事情上，这也是雇主品牌建设的难点。雇主品牌建设应该充分考虑组织战略中多个方面的问题，包括组织身份、组织价值观、产品品牌、顾客体验、宣传信息、企业与顾客的接触点、员工的基本感觉等。这些将企业

① 利比·萨廷，马克·舒曼. 雇主品牌［M］. 北京：华夏出版社，2008.

内部和外部有机联系在一起，塑造卓越雇主品牌的根本。

关于组织身份，雇主品牌一定要帮助员工回答这个问题：“这家企业为什么存在?”雇主品牌如何能做到这一点呢？曾经，企业都非常稳定，福特生产的是汽车，麦斯威尔生产的是咖啡。现如今，企业变得复杂。雇主品牌一定要对企业的身份进行解释，即有关“我们是谁、我们从事什么工作，以及我们为什么来到这里”的声明。除此之外，雇主品牌一定要解释企业的最终目的和必要的原因。更深远的，雇主品牌一定要超越企业身份的声明，进而阐明企业的抱负，也就是清楚描述“这就是我们可能给我们企业、我们的顾客以及我们的员工带来的意义”。通用电器承诺：“将成为把人们引以为豪的诚实放在首位的品牌；充分发挥我们的想象力；我们企业内部和外部所说的完全一致；我们为我们的顾客解决最棘手的问题，我们相信我们也可以解决一些时间上最棘手的问题。要想成为我们的员工、顾客、投资者和整个社会心目中的优秀公司，就一定要从内部做起。”辉瑞在自己的网站上声明自己的抱负是“提高全世界人民的生活质量，并帮助他们享受更长、更健康、更幸福的生活”，“通过药品、消费品和动物健康产品的创新，我们致力于人类对更长、更健康、更幸福的生活的追求”。这样，企业就向员工清楚地阐明了企业所代表的“大理念”，这些理念已经将企业提升到社会价值的层次。

（2）企业社会责任，强化组织身份与组织承诺。企业如何看待自己在企业之外更大范围的角色的态度已经变得越来越重要。雇主品牌应该如何表述你的企业？你希望将哪些企业之外更大范围的问题作为你企业知名度的一部分？企业对社会的贡献是这个问题的重要答案。

一些杰出的企业通过所倡导的社会责任，塑造组织身份特征以向员工传达组织的社会价值理念。社会贡献是华盛顿互助银行雇主品牌的核心，利比·哈奇森认为：“‘达成交易’的其中一个重要秘诀就是提供每个月四小时的时间供员工做社会义务工作。这是一项关键的社区投资。”在联合包裹速递服务公司（UPS），自1968年以来，公司每年都会派遣一组管理

人员离开他们的家庭、家人和工作。他们花一个月的时间去贫穷的地区、山区帮助别人。他们为无家可归的流浪者提供食物，拜访老人和病人，为穷人建立家园，与犯人一起工作。这项工作的目的就在于让这些管理人员更加了解人民，更加了解UPS能够给社区带去的影响。此外，在UPS，每年都有数千名员工参与一周的全球同步志愿者服务，成为全球志愿者服务周（Global Volunteer Week）的一部分。

对于组织中的员工而言，社会责任对提升组织承诺有积极的作用。一项来自英国的调查发现，58%的英国雇员认为他们所在企业的社会和环境责任是十分重要的，结果显示企业社会责任在塑造员工态度和行为方面起到了重要的作用。调查数据来自全国范围内的年度员工态度调查，调查内容包括三个方面，即道德地公平对待雇员，企业在社区的责任，培训的实施和雇员发展机会。研究结果表明，企业社会责任活动能够强化雇员的组织承诺；道德地对待雇员是企业社会责任最重要的方面，对于女性员工尤其重要；雇员对企业在更广阔的社区范围的责任，以及培训的实施和雇员发展机会在形成承诺中也起到重要作用①。外部企业社会责任与组织承诺的关系表明，企业的收益不仅仅局限于外部的荣誉和外部利益相关者管理，也反映在内部利益相关者的行为上。这些方面强调企业与雇员沟通交流企业社会责任政策的重要意义②。

对于求职者而言，社会责任能够提升企业的声誉，而这种声誉对于吸引人才具有正面的效应。员工的社会成就感与企业履行社会责任的方向是一致的，现在有许多人愿意去非政府组织工作就与其组织本身承担的强烈社会责任有一定的关联度。员工工作体验中一个重要的指标是自豪感，企业的良好声誉自然会让员工产生骄傲感，并更愿意为其工作。《第一财经

① Brammer S, Millington A, Rayton B. Do CSR Policies Affect Employees' Commitment to Their Organisations [J]. People Management, 2006.

② Brammer S, Millington A, Rayton B. The Contribution of Corporate Social Responsibility to Organizational Commitment [J]. International Journal of Human Resource Management, 2007, 18 (10): 1701-1719.

日报》与益普索的调查显示，对于潜在雇员而言，拥有更多社会责任担当的企业在职场上也更受欢迎。随着年龄的增长、收入的增加、工作年限的增长，教育程度越高的中高层人群更愿意为从事公益活动的企业服务。有一定社会地位、阅历以及经济基础的人在不需要为基本生活温饱问题担忧的前提下，就会把更多的注意力放在对企业的认知上。其中，在收入方面，月收入6 001至8 000元及以上的两组人群对企业从事公益活动的关注尤为明显，这群人中，有接近90%的人表达了愿意为履行社会责任方面做得好的企业服务的强烈意愿。在年龄方面，各个年龄层的受访者都对在社会责任方面表现良好的企业表现出了认同。其中，在36岁以上的两个年龄组中，均有超过90%的受访者表示愿意为那些担负企业社会责任的企业服务，在41岁以上年龄组中，甚至有超过60%的被访者表示，即使薪水低一些，也愿意选择为企业社会责任方面履行出色的企业工作。

企业社会责任建设的误区在于很多企业仅将社会责任当作增加企业曝光率、提高知名度、消除负面影响的一种手段或工具，当作企业增加知名度的粉饰工具。当今，全球气候变暖、环境污染、食品安全、客户隐私保护等一系列问题正在深刻改变着商业社会的游戏规则，同时也创造了巨大的商业机会。社会责任与企业的研发战略、营销战略、人力资源战略有机结合，将会给企业创造一个撬动未来的支点。重视社会责任的企业会对公司管理体系进行调整，进一步完善管理体系，而融入社会责任理念的经营策略也将大大提高产品和服务的效率，增强其竞争力。主动履行社会责任要求企业从经营战略角度采取预防性措施。在处理社会事务方面，也愿意与外部利益团体沟通，接受社会的评价，并积极进行改善，起到防微杜渐的作用。

第二节　雇主品牌管理方式

雇主品牌的影响贯穿于雇佣前后及离职前后的全过程，如图7－2

所示。

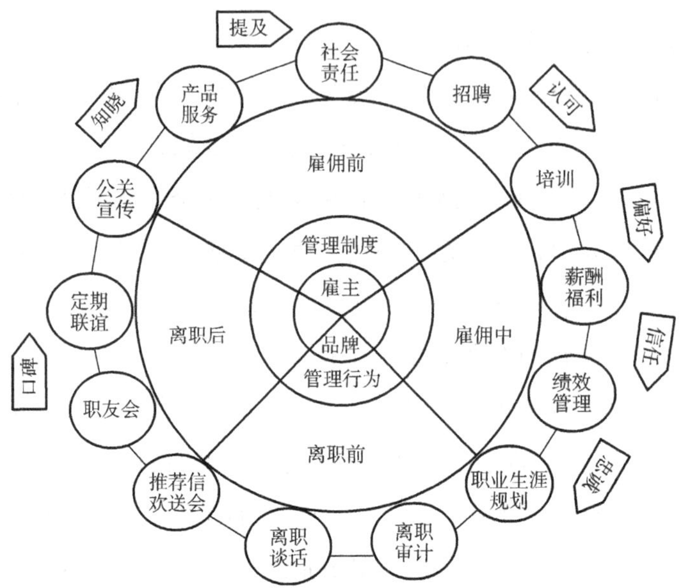

图 7-2 雇主品牌在雇佣和离职过程中的作用

一、招聘和选募

为了更好地吸引求职者，企业要对其雇主品牌开展外部营销活动，其中招聘活动是企业对雇主品牌进行外部营销的核心手段。处于同一产业的企业，由于业务体系、人力资源管理特别是薪酬水平等方面高度同质化，要在人才争夺战中脱颖而出，无疑面临更大的挑战（Maurer，Howe & Lee，1992；Thomas & Wise，1999）。招聘是雇主品牌在外部劳动力市场的主要应用。

（一）雇主品牌在招聘中的作用

1. 雇主品牌形象在招聘中的作用。如何帮助企业建立兼具吸引力和区分度的形象是雇主品牌所要研究的基本问题之一（Ewing et al.，2002）。既有研究显示，企业可以借助雇主品牌影响求职者的态度和行为，达到改善

招聘效果的目的；个人对企业的总体雇主印象会在求职过程中显著影响求职者行为（Belt & Paolillo，1982；Rynes，1991；Gatewood，Govan & Lautenschlager，1993）。科林斯等（Collins et al.，2002）的研究发现，不同类型的招聘活动会通过雇主品牌来影响求职者的行为，当不同的招聘活动相互结合使用时，它对求职者的求职决策和倾向的影响会增大。盖特伍德等（Gatewood et al.，1993）研究发现，企业在招聘新雇员时，企业雇主品牌形象是潜在雇员做出求职决策的一个特别重要的预测值①。福里斯特尔等（Forretetal et al.，1998）认为，雇主品牌形象和潜在求职者感知到的招聘人员行为以及组织属性正相关②。根据巴伯（1998）的观点，早期招聘阶段，潜在求职者会为未来的考虑罗列出大量可能的工作、组织，并且只对搜集的选项的某些特定的特点有深入了解③。

弗里曼等（Freeman et al.，2006）测量了服务行业的雇主品牌形象，研究证明了在招聘中雇主品牌形象与毕业生的求职意向正相关，并且企业内部和外部对于雇主品牌形象的感知有着显著的不同④。史蒂芬等（Steven et al.，1992）认为，求职者找工作的过程与消费者购买产品的过程相似。消费者是以金钱换得产品，以获得消费方面的需求；而求职者是以人力成本（如技能、经验等）换取职位，以实现工作方面的需求。企业需要树立产品品牌以提高销售状况；而作为雇主，企业同样需要打造雇主品牌，以吸引优秀求职者。对雇主而言，营销的目的在于提升与合格求职者交换的

① Gatewood R D，Gowan M A，Lautenschlage G J. Corporate Image，Recruitment Image，and Initial Job Choice Decisions [J] . Academy of Management Journal，1993，36 (2)：414－427.

② Turban D B，Forret M L，Hendrickson C L. Applicant Attraction to Firms：Influences of Organization Reputation，Job and Organization Alattributes，and Recruiter Behaviours [J]. Journal of Vocational Behavior，1998，(52)：24－44.

③ Barber A. Recruiting Employees：Individual and Organizational perspectives [J] . Thousands Oaks，1998.

④ Knox S，Freeman C. Measuring and Managing Employer Brand Image in the Service Industry [J] . Journal of Marketing Management，2006，22 (7/8)：695－716.

过程，以获得最大的人力资本回报①。

2. 雇主品牌营销在招聘中的作用。一些学者借鉴市场营销学中的概念分析雇主品牌在招聘中的作用。萨瑟兰等（Sutherland et al.，2002）借用科特勒（1997）关于战略营销过程的描述，从市场细分、目标市场和市场定位的角度讨论了雇主品牌营销。他们从年龄、性别、种族等几方面对雇主的目标市场进行细分，发现全球性对于不同年龄的员工，绩效薪酬、工作多样化/岗位轮换和培训机会对于不同性别的员工，文化多元化等十个因素对于不同种族的员工的重要性均存在显著差异。他们对毕业生按照专业、成绩和工作经验进行市场细分，发现专业与招聘过程满意度和接受工作可能性没有关系，而学习成绩排在前25%的学生比排在后25%的学生更少考虑工作/技能匹配性②。

莫勒等（Maurer et al.，1992）以市场营销理论为基础研究雇主与应聘者之间的行为互动，为了吸引潜在员工，企业应对求职者的择业倾向与心理进行研究，并尽可能地了解哪些因素会对潜在员工的求职意愿产生积极的影响，以便找到雇主吸引力的构成要素。如果企业成功提升了自身的雇主形象，就会使潜在雇员产生个人—组织适配感，进而产生求职意向并做出决定，这样企业就能成功地感召和吸引潜在员工。

雇主品牌印象可以正向预测潜在人才的入职意愿（Gatewood et al.，1993），也会正向影响潜在申请者对招聘官行为、面试工作和组织属性的感知（Turban et al.，1998）。反过来，招聘工作也会影响雇主品牌印象的形成（Taylor & Bergmann，1987）。安博拉和巴洛（1996）发现，雇主品牌与雇佣环境相关。苏林德等（Surinder et al.，2005）发现，雇主品牌强

① Steven，Vice，Thomas. Organizational Recruiting as Marketing Management：An Interdisciplinary Study of Engineering Graduates［J］. Personnel Psychology，1992，(45)（4）：807－833.

② Sutherland M M，Torricelli D G，Karg R F. Employer－of－choice Branding for Knowledge Workers［J］. South African Journal of Business Management，2002，33（4）：13－20.

化并改变组织文化；组织文化影响着雇主品牌与雇主忠诚度之间的关系[①]。企业形象、企业文化和工作环境等也是应聘者选择雇主的重要标准。盖特伍德等（1993）的实证研究表明，企业形象与应聘者进一步接触企业的意愿高度相关。图尔班等（Turban et al.，1998）认为，企业的社会绩效和声誉对其招聘吸引力产生正向影响[②]。

梁钧平和李晓红（2006）研究发现，营销领域的自我—产品形象匹配理论也适用于雇主品牌领域，即在求职的早期阶段，求职者关注雇主象征性因素的原因是不同的雇主具有不同的个性特征，求职者通过选择雇主来进行自我表达，从而满足自我提升和自我一致性的需要。具体来说，求职者理想自我形象与雇主形象匹配可以预测雇主吸引力。理想自我形象—雇主形象匹配与自我态度之间的交互作用可以预测雇主吸引力，其中：对于具有正面形象的雇主，求职者自我态度与雇主吸引力有正相关关系；对于具有负面形象的雇主，求职者自我态度与雇主吸引力有负相关关系。塑造卓越的雇主品牌，除了功能性诉求，还需要价值表达诉求[③]。

（二）雇主品牌与招聘策略

招聘是人力资源管理的一个重要环节，同时它作为雇主品牌信息传递的载体，也是向潜在雇员传递雇主信息的主要途径。石正宇和皇甫刚教授（2010）通过建立招聘宣传活动传递雇主品牌信号的博弈模型：企业通过招聘宣传活动发出信号，告诉求职者“这是一个好的雇主”，求职者根据信号产生对企业雇主品牌的感知，最终产生求职倾向。进而运用模型论证招聘宣传活动对雇主品牌信号传递作用的存在，并讨论了这种信号传递作用存在的条件和信息不对称程度对其产生的影响[④]。

---

① 段丽娜．HRM 实践、雇主品牌感知与员工工作绩效的关系研究［D］．广州：华南理工大学，2011.

② 殷志平．雇主品牌研究综述［J］．外国经济与管理，2007，29（10）：32－38.

③ 梁钧平，李晓红．象征性个人与组织匹配对雇主吸引力的影响：一项对雇主品牌象征性含义的研究［J］．南大商学评论，2005（4）：99－108.

④ 石正宇，皇甫刚．招聘宣传活动对雇主品牌信号传递作用的分析［J］．企业导报，2010（4）：123－124.

1. 招聘是向潜在雇员传递雇主品牌信息的主要途径。企业需要树立产品品牌对消费者进行营销，而作为雇主，企业同样需要树立雇主品牌，对潜在的求职者进行营销。任何一个求职者，在正式接触到企业之前，都会通过各种途径了解企业的产品、市场和企业文化等，从而对招聘企业形成一种间接印象。求职者通过参与招聘过程，将自己的直接感受与间接感受相比较、融合，形成对雇主的主观评价。如果求职者的直接感受好于间接印象，则即使未被录用，也会对雇主有较高的评价；反之如果求职者的直接感受比间接印象差，那么他就会对雇主形成一个较差的评价。无论企业塑造与维护的雇主品牌形象良好与否，都会通过招聘这个重要途径将信息传递给潜在的雇员。

通过招聘向潜在雇员传递企业雇主品牌的信息，不仅有利于扩大企业的知名度与美誉度，更有利于形成企业的品牌资产，降低企业的人才竞争成本，为企业吸引到优秀的、合适的人才，进而为企业在人才竞争中赢得持久性的竞争优势，是企业持续发展，在激烈的市场竞争中获胜的基本保证。

2. 招聘宣传活动对雇主品牌的信号传递作用。在招聘的早期阶段，潜在的求职者对企业和职位的信息只有初步了解，因而这些对雇主的最初印象将在很大程度上影响求职决策（Turban，Forrent & Hendrickson，1998）。巴伯（1998）关于招聘的研究指出，一些与招聘有关的活动会影响潜在或实际求职者对于企业的认识。这些招聘宣传活动一方面传递企业实力、工作内容等与工作相关的信息（Lievens & Highhouse，2003），另一方面树立自己的雇主形象，以此来向求职者表明在企业能够获得很好的工作体验（Aaker，1997）。这便是招聘宣传活动对雇主品牌的信号传递作用。

企业通过招聘宣传活动发出信号，告诉求职者“这是一个好的雇主”，求职者根据信号产生对企业雇主品牌的感知，进而产生求职倾向，它可以为企业带来正效用。另外，招聘宣传活动的成本由企业承担，带来负效用。在组织相同招聘宣传活动的前提下，好的雇主付出的成本相对较低，

即好的雇主能够更轻松地获得好的雇主品牌。

对于具体的招聘宣传活动而言，每种招聘宣传活动或活动的组合所达到的效果，即求职者感知到的雇主品牌水平不同，最终传递给求职者不同的雇主品牌信息。

假定求职者有这样的判断：所有招聘宣传活动水平超过 s^* 的企业都是好的雇主，所有组织招聘宣传活动水平不足 s^* 的企业都是差的雇主。于是，相应的求职倾向为：

$$w(s)=\begin{cases}1, & s<s^* \\ 2, & s\geqslant s^*\end{cases}$$

一种可能情况如图 7－3 中的曲线 $ABCD$ 所示，画出经过 C 点的两类企业的无差异曲线，那么给定求职倾向，均衡的招聘宣传活动要么是 0，要么是 s^*。图中 s^* 大于 1 小于 2，则线段 CB 与 AB 的长度之比在 0.5 到 1 之间，两条无差异曲线的斜率分别为 0.5 和 1。经过 C 点的好雇主的无差异曲线与纵轴的交点必定在 A 点之上，而经过 C 点的差雇主的无差异曲线与纵轴的交点必定在 A 点之下。也就是说，对于好雇主而言，选择 C 点所代表的招聘宣传活动水平 s^* 并且获得高求职倾向（$w=2$）要好于不组织招聘宣传活动只获得低求职倾向（$w=1$），对于差雇主，选择由图中 A 点所表示的不组织招聘宣传活动且获得低求职倾向是最好的。这样两类企业的最优选择正好符合求职者对于企业作为雇主优劣的判断，即招聘宣传活动水平为 s^* 的是好雇主，不组织招聘宣传活动的是差雇主。上述判断符合我们对分离均衡的规定，分离均衡成立。这样的均衡存在是有条件的，对于分离均衡条件的研究结果表明，当求职者认为招聘宣传活动水平在横轴 1 与 2 之间的企业才是好的雇主时，能够得到分离均衡。根据求职者所认可的招聘宣传活动水平的不同，就会得到无数多个分离均衡，有且仅有一个分离均衡是合理的。对于具体的招聘宣传活动而言，每种招聘宣传活动或活动的组合所达到的水平都可能处于横轴上的任一位置，从而传递给求职者不同的雇主品牌信息。

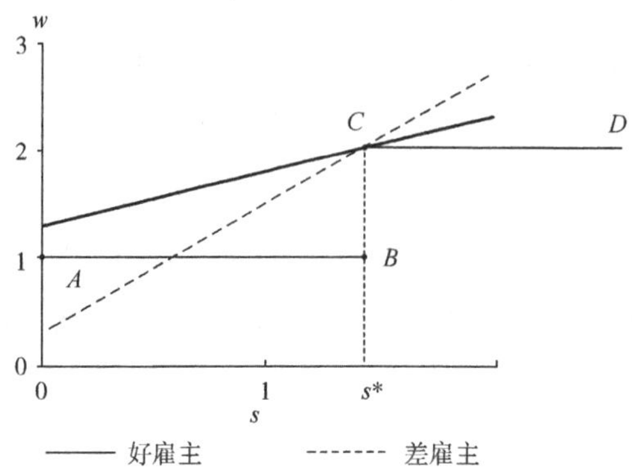

图7－3　求职倾向分离均衡模型

因此，无论对于企业还是求职者，研究求职者认可的招聘宣传活动和各种招聘宣传活动的效力是十分必要且有意义的。企业需要知道求职者期望好的雇主组织哪些招聘宣传活动，而求职者希望清楚不同的招聘宣传活动传递了哪些雇主品牌的信息①。

3. 基于信息不对称性的雇主品牌招聘策略的选择。营销学认为，产品的信息不对称程度越高，消费者在进行购买决策时，越依赖品牌的信号传递效应。同样，将这一理论推广到雇主品牌招聘策略的选择行为中可以发现，求职者在选择雇主时也存在着这样的特点。

假设当不存在信号传递机制时，求职者依据对企业作为雇主的了解状况决定自己的求职倾向。当信息不对称程度较低时，求职者比较容易了解到企业作为雇主的相关情况，进而会产生较高的求职倾向。此时，好雇主组织招聘宣传活动，对求职者产生求职倾向的影响力不大，因此好雇主便不会采取招聘宣传活动，所以招聘宣传活动对雇主品牌的信号传递作用被削弱。相反，当信息不对称程度较高时，求职者便很难了解到企业的情况，进而会产生较低的求职倾向。这时好雇主就会更加积极主动地采取招

① 石正宇，皇甫刚．招聘宣传活动对雇主品牌信号传递作用的分析［J］．企业导报，2010（4）：123－124.

聘宣传活动，发出信号，向求职者传递自己是一个好雇主的信号，进而争取到求职者较高的求职倾向；而差雇主就不需要采取招聘宣传活动，以此来利用信息不对称隐藏自己是差雇主的事实，进而争取到求职者高一些的求职倾向。所以，当信息不对称程度高时，招聘宣传活动的信号作用就被加强了。

二、管理团队

（一）塑造雇主品牌使者

从表面上看，雇主品牌的推广就像消费者品牌推广一样，似乎很容易。然而，虽然许多观察者能够准确找到拥有著名品牌的企业，但几乎没有人能够解释如何打造这些强有力的品牌。将雇主品牌战略不能成功推广的原因归纳如下：第一，雇主品牌推广的工作职责通常落实到人力资源专员或对实施复杂的雇主品牌推广计划几乎没有经验的员工身上。第二，这些人员不了解如何制定雇主品牌战略，更不用说调整计划以支持信息传送或获取帮助以便在组织中有效推动计划。第三，基于以上做法，整个组织范围内产生了认为雇主品牌推广无效的看法，从而限制了对雇主品牌计划的持续投资。

毫无疑问，该问题的根源在于上述第一点。企业必须重视打造和推广能够以企业价值观俘获潜在员工的雇主品牌。这并不仅仅是解释公司战略、市场和产品，虽然这些也很重要。这是对企业文化和工作环境进行有效且深思熟虑的表述——求职者为何想要与一群志趣相投的人一同追求特定的成果。如果企业没有能够凝聚团队力量来打造高效雇主品牌的资深战略家或影响者，不妨考虑聘用能够实现这一点的人才。

（二）合作伙伴在雇主品牌中的角色

在许多企业中，雇主品牌推广的最终责任界定通常并不明确，是由人力资源部还是市场营销部负责？责任界定不明确会导致合作效率低下。模糊不清的状况还可能导致雇主品牌的塑造成为“政治”问题。在这种情况下，高层领导者可能会从不同部门获得不同信息。外部合作伙伴可以让人力资源部、品牌部和营销部门的领导者聚集到一起，以界定共同的利益，制定共同目标并确定职责范围。外部合作伙伴还能够对内部团队进行培训，进一步明确雇主品牌推广之所以重要的原因。不管雇主品牌推广的最终“负责人”是谁，外部提供商都能够克服管理层可能无法察觉的一些内部障碍，而这对项目的成功非常重要。

三、绩效评估

安博拉和巴洛（1996）认为，最有趣的研究是：雇主品牌是否会给企业带来更好的绩效。雇主品牌实践的预测是建立在人力资本能给企业带来价值的基础之上的，通过巧妙地投资人力资本，能够提高企业绩效。企业绩效常用来衡量企业的社会表现和财务表现①。

基于资源角度的观点认为，一个企业的资源特点能够促使企业形成可持续的竞争优势。同时，这些资源是稀缺的、宝贵的、不可替代的和难以模仿的，因此拥有这些资源的企业能凭借该资源优势赶超其竞争对手。大部分资源基础观点来源于人力资源（技能、知识和雇员行为）或组织资源（控制系统、惯例和学习机制），这些资源是多年来建立在复杂社会结构之上的产物，难以被人理解和模仿②。资源基础观能够加强组织内部战略和人力资源之间的关系，为组织行为和其社会属性提供直接的理论联系，并使组织具备获取竞争优势的能力。其中，人力资源被认为是最具价值和成长性以及能为企业带来持续竞争优势的首要资源③。

随着劳动力市场竞争的加剧，企业尝试通过人力资源实践战略来吸

---

① Ambler T, Barrow S. The Employer Brand [J]. Journal of Brand Management, 1996, 4 (3): 185-206.

② Barney J B. Firm Resources and Sustained Competitive Advantage [J]. Journal of management, 1991 (17): 99-120.

③ Prahalad C, Hamel G. The Core Competence of the Corporation [J]. Harvard Business Review, 1990, 68 (3): 79-91.

引、激励、提升和保留优秀的员工。企业人力资源实践对组织绩效的影响也日趋明显。从以往对人力资源管理与组织绩效关系的研究来看，人力资源实践与组织的员工流动率、生产率、市场价值和财务绩效之间的关系已经得到了大量研究的证实①。休斯里德等的研究指出，不同的人力资源措施对收益（资产回报）的一阶标准存在差异②。休斯里德等测量了高绩效工作系统对生产率和财务绩效的影响，休斯里德发现，以单个雇员为例，在实施高绩效工作实践后，其销售额增加了 27 044 美元，市场价值增加了 18 641 美元，利润增加了 3 814 美元③。

四、培训和开发

企业的雇主品牌战略离不开培训开发体系的建立。雇主品牌的对象分为外部潜在雇员和内部雇员，针对内部雇员的内部沟通与针对潜在雇员的外部传播同样重要。在培训和开发流程中，员工不仅获得个人成长，也融入了企业文化，加强了与企业的情感纽带。企业一旦能够将自身与员工的发展结合起来，就会建立起雇主品牌独特的竞争优势。

培训和开发是雇主品牌内部沟通的首要阶段。员工在入职之后一般会接受新员工培训，这一方面可以让员工了解企业规章制度，迅速融入企业，另一方面也是员工真正感受企业文化的第一步。

除此之外，培训与开发也是雇主品牌战略中长期、持续的过程，涵盖了员工入职之后的所有环节。当求职者被企业所吸引，最终加入企业之后，其与企业雇主品牌的关系由吸引和匹配转变为持续地沟通。好的雇主品牌意味着企业具有良好的内部培训和晋升机制，对于有能力的员工而

---

① Lado A, Wilson M C. Human Resource Systems and Sustained Competitive Advantage: A Competency - based Perspective [J] . Academy of Management Review, 1994, 19 (4): 699 - 727.

② Delery J E, Doty H D. Modes of Theorizing in Strategic Human Resource Management: Tests of Universalistic, Contingency, and Configurational Performance [J] . Academy of Management Journal, 1996, 39 (4): 802 - 832.

③ Huselid M A. The Impact of Human Resource Management Practices on Turnover, Productivity, and Corporate Financial Performance [J] . Academy of Management Journal, 1995, 38 (3): 635 - 672.

言，他们需要被信任和被认可，实现个人能力和价值是他们在职业生涯中的目标。

在企业独特的雇主品牌定位之下，要为核心人才打造激动人心的工作体验，以及能施展才能、发挥个性的空间，合理的培训开发体系是必不可少的。通过培训开发体系的建立，与员工进行充分的内部沟通，满足员工的需求，传递企业的价值主张。企业的培训开发体系是在企业需求和员工需求的结合之下诞生的，该体系通过满足员工自我提升的需求来提升企业绩效，在企业员工之间建立起值得信任的内部品牌。

五、全面薪酬

全面薪酬在人力资源管理领域正逐渐成为热点，它从最早的货币性薪酬演化为日益复杂的所有薪酬支付方式的统称。它包括传统的货币性薪酬，如基本工资、奖金、浮动薪酬和股票期权等；同时也包含非货币性报酬，如个人发展、得到认可和赏识、获得培训的机会、工作与生活的平衡、吸引人的组织文化等。全面薪酬相比以前的薪酬而言，在收入的内涵上大大扩展了。

思考雇主品牌和全面薪酬之间的关系，有助于企业发展自身的雇主品牌，并使其与组织的薪酬战略紧密关联在一起，在当前经济危机的背景下实现积极地运转以渡过难关。调整雇主品牌与全面薪酬相匹配，使两者相互支持，可以帮助企业满足内部员工的期望值，对其进行有效的激励和挽留，同时也能够吸引外部潜在员工加入公司，实现更大的发展。英国人力资源协会与美世人力资源咨询公司(Mercer)于2010年发布的研究报告提供了一个全面的视角去思考雇主品牌和全面薪酬回报的关系。它可以用来帮助人力资源、薪酬和品牌专家发展他们自己的雇主品牌，并使其与组织薪酬紧密关联在一起。报告提出四种加强雇主品牌和全面薪酬之间联系的主要途径，即员工的价值定位、奖励期望的行为、沟通、所有权和衡量方法，以及调整雇主品牌与全面薪酬的途径与挑战。

（一）雇主品牌与全面薪酬之间的关系

1. 企业雇主品牌建设的战略性保障来自全面薪酬。雇主品牌将员工在企业工作中的感受和经历与企业的目标、价值观整合到一起，并通过各种方式向其他利益相关人、更大范围的社会群体、潜在员工表明企业是最值得期望和尊重的雇主，以提高雇主在人才市场的品牌知名度、美誉度、忠诚度和联想度。建立良好的雇主形象，有助于明确企业在人力资源市场上的定位，是企业吸引和留住核心员工的一项重要的战略举措。作为人力资源管理中十分重要的部分，薪酬的设计与实施也要实施全面化战略，在效率优先和按劳分配的基础上，必须注重薪酬的公平性、竞争性、透明性等，为企业构建雇主品牌提供战略性保障。

2. 合理的全面薪酬政策是企业构建雇主品牌的基础。薪酬作为科学管理最有效的工具之一，是企业建立雇主品牌的基础。合理设计全面薪酬政策，能够在充分体现员工的价值、体现企业对员工的重视程度、体现企业对员工能力的欣赏和利用情况、体现企业对员工为企业生存和发展所做贡献的认同程度的同时，更好地发挥薪酬的维持、保障和激励的作用，提高员工的工作满意度。合理的全面薪酬有利于企业雇主品牌的构建，有效地控制企业中优秀人才的流失，吸引更多的潜在员工加入企业，最终实现雇主品牌的成功建立。

3. 雇主品牌的建立和全面薪酬政策可以相互检验。全面薪酬的合理设计反映了企业雇主品牌建设的效果；雇主品牌的成功建立，是全面薪酬设计合理的体现。企业雇主品牌建设与全面薪酬设计存在相互影响和相互制约的关系。全面薪酬作为影响员工工作满意度的重要因素，是评价雇主品牌建设不可或缺的因素；而雇主品牌的成功建立，则表明全面薪酬政策达到了满足员工需要的目的，使企业在内部及外部都能得到良好的评价。

（二）加强雇主品牌建设以支持全面薪酬

拥有一个由全面薪酬支持并令人信服的雇主品牌对企业来说十分有益。企业和员工的雇佣关系将会通过与全面薪酬明显匹配的雇主品牌得到巩固，二者的协调统一使企业用实际行动树立了自身形象，并使员工能够有效地传播雇主品牌。以下是四种加强雇主品牌和全面薪酬之间联系的主要途径。

1. 员工的价值定位。企业可以通过薪酬影响员工的行为，因此，鼓励正确的行为可以加强雇主品牌。不以全面薪酬做支撑的雇主品牌，会被认为只是在说空话。在这种情况下，雇主品牌制定出价值取向，概述了企业在薪酬政策方面的理念。它定义了企业与员工之间存在的“交易”，从而影响两者之间的心灵契约。设有定义明确的雇主品牌的企业已经在使用全面薪酬向在职和潜在的员工展现其企业文化。这是由于在目前的经济环境下，企业需要给在职和潜在的员工创造出良好的第一印象。

2. 对员工积极的行为进行奖励。支持雇主品牌建设最有效的方式是对员工积极的行为进行奖励。这些行为可以给员工一个明确的定位，使客户得到良好的体验，共同巩固企业文化。一些企业直接将员工积极的行为与绩效管理体系挂钩，将其作为一种手段来向员工传达雇主品牌和全面薪酬之间的联系。对于这样的企业，雇主品牌成为企业深层文化的一部分，员工的行为影响到个人的机遇和发展。

3. 加强沟通。对于薪酬的有效沟通是加强雇主品牌的一个重要途径，因为它提高了潜在和现有员工为企业工作而获利的认识。例如，麦当劳已经大量投资于它的员工，所以它的雇主品牌工作重点在于传播这项投资，以在内部及外部加强其雇主品牌。有许多媒介可以用来传播薪酬和雇主品牌之间的联系，其中最常见的有互联网和企业内部网络、员工入职手册、职位说明书、广告和简讯等。一线管理人员的有效沟通，被认为是传播雇主品牌与全面薪酬之间联系的最重要的手段。

4. 建立不同部门领域的协作。雇主品牌的定位不仅仅局限于人力资源管理方面，在管理团队、市场营销、一线员工之间，雇主品牌的定位也不尽相同。有些企业已经在各个流程上设立了督导小组或信誉小组来支持和监督雇主品牌的建设。企业的价值观是全面薪酬政策实施的基础。雇主品

牌不能只存在于人力资源管理领域，而是一个整体的概念。

（三）调整全面薪酬以匹配雇主品牌

越来越多的企业认为雇主品牌和全面薪酬之间有密切的联系。有些企业认为薪酬和福利应该有自己的“奖励品牌”。

1. 薪酬。对许多企业来说，薪酬仍然是吸引、挽留和激励员工的最重要的工具。绝大多数员工认为薪酬应当在合适的水平。因此，仅仅掌握薪酬配置的权利未必能提升雇主品牌，不合理的配置还有可能造成损失。

2. 福利。对于许多企业，雇主品牌决定了其所能提供的福利，而这些福利的信息又可以通过雇主品牌传递。也就是说，它们是相辅相成的。

3. 非物质报酬。许多企业向员工提供了职业发展的机会，这有助于确保员工的知识、技能和能力得到更快的增长，使其有效地履行职责。这不仅对企业有利，而且增强了员工对工作的参与度并鼓励员工传递企业的雇主品牌，进而影响员工的工作体验。

薪酬是一种外部因素，因此必须有一个针对外部因素的调整方式，例如针对市场水平对于薪酬进行调整。同时，薪酬还要与内部驱动因素相匹配，这其中就包括雇主品牌。通过适当的调整以使两者实现平衡，能够为企业创造更大的效益。

（四）调整雇主品牌与全面薪酬之间的关系需要注意的问题及建议

虽然不同性质、不同行业的企业在雇主品牌与全面薪酬之间的定位上不尽相同，但我们在很多细节的地方可以对雇主品牌与全面薪酬之间的关系进行调整。

1. 高层管理者的支持。对高层管理者来说，将雇主品牌的概念推动到企业经营战略实现的过程中是至关重要的。通常最成功的雇主品牌策略往往是由一个高层管理者直接设定并执行的。同时，发挥各个部门和不同团队的优势也是十分重要的。

2. 员工的积极参与和及时反馈。员工的积极参与十分重要，因为创造员工所需的工作环境是传递雇主品牌信息的基础。此外，还要注意员工的

及时反馈，特别是了解关于企业被称为一个怎样的雇主的信息，因为这是高层管理者和人力资源工作者确定如何实现和实施雇主品牌战略的出发点。

3. 明确对员工的要求的界定。企业要了解自身需要怎样的员工，同时将其与雇主品牌联系起来也是十分必要的。目前，在企业需要员工理解的东西与员工的实际理解之间存在着巨大的差距。企业可能需要一个非面向客户的，即使不理解雇主品牌，影响也是很小的低层级员工。相比之下，高层管理者或是面向客户的员工则需要对雇主品牌有更深的了解，并对雇主品牌进行有效的传播。

4. 进行评价。了解和评价薪酬变化所带来的影响和投资回报，对于达成企业的目标是十分重要的。评价雇主品牌的影响就是要确保其与员工的工作体验相匹配。全面薪酬要着眼于整体的薪酬策略，并确保其实施与雇主品牌相匹配，以实现价值。

5. 相关建议。在调整雇主品牌与全面薪酬之间关系的具体操作过程中，可以参考以下建议：

第一，人力资源管理者需要确定并阐明整个企业的雇主品牌，因为如果它不是一个普遍的定义或理解，则会抑制企业整体经营战略。雇主品牌的定义是什么也同样重要，在企业不断发展的过程中可以将人力资源管理作为一个参考点，充分发挥雇主品牌和全面薪酬之间的价值。

第二，保证所有员工对雇主品牌有一定的理解。人力资源管理者为此需要做更多的工作，将雇主品牌的价值和信息传递给所有员工。

第三，在正在发生文化变革的地方，通过有效和坦诚的沟通帮助员工理解和接受改变，并在这个过程中为他们提供反馈的机会。这可以帮助他们参与文化变革的进程，维护员工的参与程度。

第四，充分利用能够对雇主品牌建设产生巨大影响的关键资源，使其达到效用最大化。同时利用好现有的奖励政策，在企业与员工之间建立良好的关系，这有助于在实施变革的过程中创造稳定，增进理解。通常这也

是全面薪酬中成本相对较低的因素，如对员工的认可和赏识，能够对雇主品牌的建设产生相当大的影响。

第五，评价雇主品牌的调整时，需要以雇主品牌背后的理念作为基础。例如，有多少员工已经离开，又有多少人留了下来。评价也应考虑到客户满意度以及员工的满意度，以确保内部和外部的品牌定位。

第六，人力资源管理者在如何传播雇主品牌以及雇佣员工上，可以使用公司的内部营销策略，或者遵循不同部门的理念。

第七，如果人力资源管理者想要成功地发展、执行和保持雇主品牌的话，就必须了解各类业务及其区别，了解市场营销、商业智慧、创新性以及企业的适应性。

（五）调整雇主品牌与全面薪酬存在的挑战

1. 为经济复苏做好准备。在经济衰退时企业降低员工的薪酬水平似乎已经成为必然选择。这不可避免地会对员工敬业度产生影响。在这方面，企业需要发挥雇主品牌长期的力量。企业在市场复苏的调整过程中，要奖励员工积极的行为，以保留关键人才，改善员工工作的效率，提高员工参与度。塑造良好的雇主品牌有助于创造信任，能够潜移默化地影响员工。

2. 变革可能带来的问题。在重大的变革过程中，企业要满足员工的期望可能会面临一些阻力和困难，然而，在变革的过程中让员工参与决策的过程，可以让员工感受到更高的认可度，他们会感到自己的贡献得到了企业的承认。

3. 克服挑战的关键因素。克服挑战的关键因素如下：

第一，定义雇主品牌是什么，并阐明怎样可以加强和改进。例如，思考经营策略和雇主品牌，进而根据实际情况进行调整。

第二，获得高层管理者的支持。要确保高层管理者理解雇主品牌的概念，了解它为什么对组织至关重要。人力资源管理者应当与高层管理者共同来定义什么是雇主品牌，以及它如何可以“说到做到”。

第三，管理者也要有自己的雇主品牌。根据雇主品牌建设的阶段，管理者将有不同的角色。在建设初期，要对雇主品牌如何实现和贯彻得到反馈；在建设后期，管理者希望通过有效的沟通以建立最佳雇主品牌。

第四，向员工传达企业想要成为怎样的雇主，以及其能给员工提供的薪酬待遇。

第五，企业要为现有和潜在的员工保持承诺。这将确保雇主品牌的价值，确保与雇主品牌相联系的全面薪酬管理的有效实施。

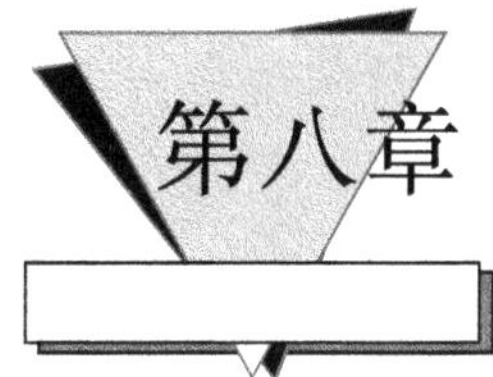

雇主品牌评价

雇主品牌是企业向它现有的雇员和外部劳动力市场进行有效传达的一套价值体系（Deepanjali，2014）。当今学者普遍认可雇主品牌分为外部雇主品牌和内部雇主品牌两部分，相应的服务对象为组织潜在员工与现有员工，组织内部品牌的提升将会提升员工敬业度，而外部品牌的提升将会提升组织对潜在员工的吸引力（Minchington，2007）。现有员工和潜在员工之间有重要区别，这两类员工倾向于用不同的方式感知企业的雇主品牌，并看重不同的组织特性（Maxwell et al.，2009）。

第一节 外部员工工作体验评价

知识经济时代的到来和经济全球化的大趋势促使越来越多的企业意识到优秀人才是决定企业成败的关键，现代意义上的企业竞争已经从终端产品竞争转变为人才竞争，随着员工自主意识的日益增强，传统意义上雇主的强势地位正在被削弱，雇主与雇员的关系正由过去单向选择的关系转变为双向选择的关系，吸引到优秀人才必须依靠企业自身吸引力，由此外部雇主品牌建设变得越来越重要，甚至被认为是最有效的雇佣战略。

雇主外部吸引力是潜在员工在求职过程中能够预期从企业获得的价值回报（Berthon et al.，2005）。当外部雇主品牌吸引力要素对企业赢得市场竞争变得比以往都更加重要时，对它的研究也相应日臻成熟。

目前国内外对于外部雇主品牌要素的评价研究主要基于“雇员”和“雇主”两个角度来构建要素体系。“雇员”角度是员工通过雇主品牌感知到的为企业工作能得到的效益预期，反映的是雇主对员工的价值承诺，评价要素较为微观具体；“雇主”角度是雇主通过其形象、声誉、社会地位等传递给潜在员工的激励性联想，反映的是员工对雇主本身的品牌感知，评价要素较为宏观。相应的研究对象为潜在员工，主要包括应届毕业生（初次求职者）、再次求职者、高校学生，其中应届毕业生占绝大部分。

一、“雇员”角度

按照“雇员”角度来评价外部雇主品牌吸引力的方法一般从员工实际感受出发，探讨雇主所能提供的工作回报中哪一类对员工吸引力最大，所以通常伴随对员工价值取向的探索，这一类研究的代表性研究成果如表8－1所示。

表8－1　从“雇员”角度分析外部雇主品牌吸引力要素

学者	研究对象	评价要素
Terjesen et al.（2007）	应届毕业生	培训开发、职业发展、工作多样性、员工关爱、前瞻性业务方法①
Pierre Berthon et al.（2009）	应届毕业生	兴趣价值：工作环境刺激性、创造力 社交价值：团队合作、员工关系 经济价值：薪酬福利、竞争性工资 发展价值：长期职业发展、晋升机会 应用价值：技能发挥程度、工作参与度②
侯慧娟（2009）	应届毕业生	组织实力、职业发展、工作特性、工作环境和组织氛围③
Marino Bonaiuto（2013）	应届毕业生	创新、多样性、能力和知识、差异性的职业生涯、观念自由④
Neeti Leekha Chhabra；Sanjeev Sharma（2014）	应届毕业生	薪酬、职位介绍、培训和发展、职业前景、员工授权、组织文化、品牌名称⑤

① Terjesen S，Vinnicombe S，Freeman C. Attracting Generation Y Graduates：Organizational Attributes Likelihood to Apply and Sex Difference［J］. Career Development International，2007（12）：504－522.

② Berthon P，Ewing M. Captivating Company：Dimensions of Attractiveness in Employer Branding［J］. International Journal of Advertising，2005，24（2）：151－172.

③ 侯慧娟. 企业雇主品牌外部吸引力影响因素研究［D］. 长沙：湖南大学，2009.

④ Bonaiuto M. Inpatients' and Outpatients' Satisfaction：The Mediating Role of Perceived Quality of Physical and Social Environment［J］. Elsevier Journal，2013.

⑤ Chhabra N L，Sharma S. Employer Branding：Strategy for Improving Employer Attractiveness［J］. International Journal of Organizational Analysis，2014（22）：1－48.

续表

学者	研究对象	评价要素
殷志平（2007）	初次求职者和再次求职者	名誉价值、环境价值、发展价值、经济价值、心理价值①

皮埃尔·伯松等（Pierre Berthon et al.，2005）对雇主品牌外部吸引力的研究是这一领域中最具代表性的探索，他们所构建的外部雇主品牌吸引力五要素评价模型为后来的学术研究提供了基本的研究框架。在泰耶森等（Terjesen et al.，2007）之后进行的研究所提出的要素体系中，因素“培训开发”“职业发展”可以概括为发展价值，“工作多样性”可以概括为兴趣价值，“前瞻性业务方法”可以概括为应用价值；在马里诺·博纳尤托（Marino Bonaiuto，2013）通过对意大利应届毕业生的研究提出的能吸引到优秀人才雇主品牌属性要素中，“创新”“多样性”“观念自由”可概括为兴趣价值，“能力和知识”“差异性的职业生涯”可概括为发展价值；在切布拉等（Chhabra et al.，2014）通过对印度德里应届毕业生的研究得出的组织吸引力属性中，“薪酬”可概括为经济价值，“职位介绍”“培训与发展”“职业前景”“员工授权”可概括为发展价值；在国内学者侯慧娟通过对有求职经历的应届毕业生进行研究得出的企业雇主品牌外部吸引力影响因素中，“职业发展”可概括为发展价值，“工作环境”“组织氛围”可以概括为环境价值，该研究还证明了职业发展要素的决定作用最大而工作环境和组织氛围决定作用最小。总体来看，应届毕业生群体对外部雇主品牌吸引力要素的偏好共性体现在发展价值、经济价值、兴趣价值等要素上。

对于再次求职者群体进行研究的代表性学者是殷志平（2007）。他较早开始将研究对象定位在初次求职者和再次求职者，建立了针对两类群体的五维雇主品牌吸引力结构要素，包括名誉价值、环境价值、发展价值、

① 殷志平．雇主吸引力维度：初次求职者与再次求职者之间的对比［J］．东南大学学报：哲学社会科学版．2007，9（3）：57－61.

经济价值和心理价值，并且创新性地对两类群体的偏好进行排序，研究得出初次求职者对环境价值、名誉价值重视程度相对较高，对经济价值、心理价值重视程度相对较低；再次求职者对经济价值、名誉价值重视程度相对较高，对发展价值和心理价值重视程度相对较低。

二、“雇主”角度

按照“雇主”角度来评价外部雇主品牌吸引力的方法一般从雇主本身出发，探讨雇主传递给潜在员工的品牌感知中哪一类对员工吸引力最大，所以伴随的是宏观组织层面形象符号等的探索，这一类研究的代表性学术成果如表8－2所示。

表8－2　从“雇主”角度分析外部雇主品牌吸引力要素

学者	研究对象	评价要素
Lievens（2007）	比利时军队候选人	雇主知名度、雇主形象、雇主名誉①
甘杰丰（2010）（中国台湾地区）	应届毕业生	雇主品牌知名度、雇主品牌联想、知觉品质②
付春阳、李辉（2013）	应届毕业生	文化氛围、企业实力、企业文化、工作价值、工作特性③
赵书松、张要民等（2008）	高校学生	社会影响力：知名度与美誉度、科研实力与成果、教师身份社会认同度 价值主张：人才培养模式、用人理念、管理政策和制度、发展战略与目标 报酬体系：培训发展机会、工作条件与环境、弹性工作时间、晋升空间、解决户口与住房④

① Bonaiuto M，et al. Managing Employer Brand Attributes to Attract Potential Future Leaders［J］. Journal of Brand Management，2013，20（9）：779－792.

② 甘杰丰．企业社会责任、企业形象、雇主品牌与求职者应征意图之关联性研究［D］．台北：台北大学，2010.

③ 付春阳，李辉．企业外部雇主品牌吸引力因素的实证研究［J］．北京市经济管理干部学院学报，2013（28）．

④ 赵书松，张要民，周二华．我国高校雇主品牌的要素与结构研究［J］．科学学与科学技术管理，2008（08）．

续表

学者	研究对象	评价要素
冯诚、陈景秋（2011）	高校学生	福利保障、制度文化、公共形象、重复传播①

基于雇主特性与品牌价值视角的研究以国内为主，这也反映出国内学者对于外部雇主品牌吸引力的关注点集中在较为宏观的层面，利文斯（Lievens，2007）的研究成果证明，形象和名誉的吸引力非常显著，比雇主知名度更重要。我国台湾地区学者甘杰丰主要从品牌价值出发研究外部雇主品牌吸引力，结果表明品牌知名度以及对求职者需求的满足是显著影响因素。付春阳（2014）对应届毕业生的研究成果引入了文化这一要素，并证明组织文化能对雇主品牌外部吸引力产生显著影响。总体来看，宏观层面的外部雇主品牌吸引力要素集中在雇主形象、雇主名誉、品牌价值和文化价值上。

高校学生群体的研究在国内学者探讨成果上也有所体现，赵书松、张要民等（2008）对国内高校学生的研究在高校雇主品牌中提出了价值主张这一要素，主要探讨人才未来发展这一要素对外部雇主品牌吸引力的影响。价值主张是企业实施差异化战略的前提，是雇主品牌吸引和保留员工的基础，只有明确了企业价值观才能制定企业战略，并据此得出企业需要何种人才的结论，进而分析这种类型的人才有怎样的需求，重要顺序如何，在平衡企业目标的基础上设计出满足企业现有员工和潜在员工（包括离职员工）需求的雇主形象。因此，这一要素的提出对于外部雇主品牌吸引力的研究贡献较大。冯诚、陈景秋（2011）对高校学生的研究重要借鉴价值在于他们将所研究的四个要素按重要程度进行了排序，福利保障制度、制度文化、公共形象、重复传播要素重要性依次递

① 冯诚，陈景秋．对雇主品牌要素构成问题的实证分析：基于高校应届毕业生对理想雇主的期望调查［J］．北京交通大学学报：社会科学版，2011（01）．

减。福利保障制度、制度文化同属管理政策和制度，是企业价值主张范畴，所以两者研究存在吻合性，对于高校学生来说，价值主张吸引力较为显著。

第二节　内部员工工作体验评价

一个良好的企业雇主品牌有三个评价标准：①组织对员工的承诺与组织实际提供给雇员的工作体验的一致性；②雇主品牌区别于竞争对手的独特性；③雇主品牌能否吸引现有雇员和潜在雇员（Ambler，Barrow，1996；Backhas，Tikoo，2004）。如前所述，外部雇主品牌是企业吸引潜在雇员的重要战略，现有雇员则主要依靠内部雇主品牌来激励、保留，它是企业对现有员工的承诺，而员工是企业精神的传承者，是企业文化的表现者，他们的精神面貌、工作投入、生产力等将决定企业状态，良好的内部雇主品牌建设可以有效提升员工满意度、工作投入等，最终形成组织价值增长。

现有国内外研究对于内部雇主品牌的评价主要从员工“工作体验”角度进行探索，通过员工在实际工作过程中的感受水平来反映企业内部雇主品牌建设情况，是雇员对雇主承诺的综合感知，代表雇主与雇员之间的一种关系，代表性的学术研究成果如表8-3所示。

表8-3　从“工作体验”角度分析内部雇主品牌吸引力要素

学者	评价要素
Alexandra（2007）	沟通机制、企业文化、组织声誉、人力资源政策及制度①
朱勇国（2008）	管理风格、职业发展、工作本身、组织实力、薪酬制度、福利制度、团队合作②

① Alexandra M. The Employer Brand：A Challenge for Human Resources Management［J］. Review of Management and Economical Engineering，2007（6）.

② 朱勇国，丁雪峰，刘颖悟．中国雇主品牌蓝皮书Ⅱ：雇主品牌评价与管理［M］．北京：中国劳动社会保障出版社．2008.

续表

学者	评价要素
Maxwell, Knox (2009)	组织成就 组织声誉 产品品牌 工作体验：薪酬福利、管理风格、工作环境、工作本身、员工关系、工作团队①
黄磊，张红芳（2010）	象征性价值因素，包括企业的知名度和美誉度、企业的规模、企业的文化和价值观、企业的发展战略与目标、企业的管理政策与制度、企业的性质 发展价值因素，包括企业的发展前景、企业的用人理念和良好的培训体系和机会 社会价值因素，包括工作的稳定性、弹性工作时间以及个人家庭和工作的平衡 经济价值因素，包括公司的盈利水平、有竞争力的薪酬和职位晋升的空间②
Tobias (2011)	经济价值、成长价值、声誉价值、社交价值、多元价值③
皇甫刚（2012）	薪酬、福利、工作安排、企业实力、组织氛围、企业社会责任、个人价值实现、个人发展机会④
Pankaj (2014)	薪酬福利、企业文化、职业发展、工作条件、工作评价、主人翁意识⑤

① Maxwell R, Knox S. Motivating Employees to "Live The Brand": A Comparative Case Study of Employer Brand Attractiveness within the Firm [J]. Journal of Marketing Management. 2009 (25): 1 – 16.

② 黄磊，张红芳．雇主品牌吸引力因素研究：以西安五家百货零售企业为例［D］．西安：西北大学，2010：

③ Schlager T, Bodderas M, Maas P, et al. The Influence of The Employer Brand on Employee Attitudes Relevant for Service Branding: An Empirical Investigation [J]. Journal of Services Marketing, 2011 (25): 497 – 508.

④ 皇甫刚，刘鹏，赵路，等．雇主品牌的模型构建与测量［J］．北京航空航天大学学报：社会科学版，2012，1（25）：85 – 92.

⑤ Mandal P K. Employer Brand: A New Component of Ownership Advantage of Eclectic Paradigm [J]. International Journal of Innovative Research and Development, 2014, 3 (3): 155 – 157.

续表

学者	评价要素
Vaneet，Santosh（2014）	薪酬福利、工作特性、职业发展、工作生活平衡①
Suman，Iraj（2014）	工作环境、组织声誉、人际关系、薪酬福利、职业发展②
Anita（2014）	薪酬福利、工作环境、职业发展、企业文化③

内部雇主品牌吸引力要素的研究相比外部较晚，亚历山德拉（Alexandra，2007）较早开始内部雇主品牌吸引力要素的研究，强调只有平衡、真实地建立统一整体，才能发挥雇主品牌的完整功效，对于内部雇主品牌吸引力的评价关注企业文化、雇主声誉、制度政策等宏观要素，在早期研究中具有一定的奠基意义；麦克斯韦和诺克斯（Maxwell & Knox，2009）的研究成果总体来说可将“组织成就”“组织声誉”“产品品牌”概括为“组织实力”，“员工关系”“工作团队”可概括为“团队合作”，所以其评价要素体验主要包括薪酬福利、组织实力、团队合作、管理风格、工作本身五个维度；托拜厄斯（Tobias，2011）的研究借鉴了伯松等（2005）构建的外部雇主品牌吸引力五要素模型，进行修订之后评价内部雇主品牌，肯定了以往研究中经济价值和声誉价值对内部雇主品牌的重要影响，创新性地将外部评价所用社交价值、经济价值、发展价值引入内部评价，实现了内外部雇主品牌的统一；潘卡基（Pankaj，2014）在之前研究的基础上增加了职业发展、企业文化要素，并证明对内部雇主品牌具有显著影响，之后的 2014 年学者研究基本在以往研究的基础上总结而来，并未提出具有突破性的创新要素。

① Kashyap V，Rangnekar S. The Moderating Role of Servant Leadership：Investigating the Relationships among Employer Brand Perception and Perceived Employee Retention［J］. Review of HRM，2014，4（3）：105－118.

② Suman Chandra Das，Iraj Zillany Ahmed. The Perception of Employer Brand to Enhance Recruitment and Selection Processes［J］. European Journal of Business and Management，2014（6）：138－144.

③ Singh A. Employee Satisfaction：Feeling The Employees' Pulse［J］. Review of HRM，2014，4（3）：168－187.

国内学者朱勇国（2008）率先将雇主品牌研究引入国内，提出了七维评价体系，对国内学者之后的研究具有重要的启示意义，但其研究只运用了探索性因子分析的方法，且有些因子负载过低，影响了其研究的质量；黄磊、张红芳（2010）的研究借鉴了伯松等人的外部雇主品牌吸引力评价思想，从组织实力、组织文化、职业发展、薪酬福利、工作本身等角度对内部雇主品牌进行评价；皇甫刚（2012）在朱勇国研究的基础上提出了八维评价体系，与朱勇国研究成果相比有七个要素存在一致性，企业社会责任作为新论点被提出，但该研究的调查对象是北京地区四所高校的300余位工商管理硕士（MBA），调研对象的局限性较大。

朱勇国自2009年在七维内部雇主品牌评价体系基础上每年进行全国范围内的大规模调查研究，从近4万份员工工作体验调研数据中进行探索性、验证性因子分析，不断修正和完善内部雇主品牌评价体系，提升评价模型的信效度，经过五年的持续追踪调研，最终在2013年形成稳定的六维内部雇主品牌评价模型，包括工作本身、管理风格、团队合作、薪酬福利、职业发展、组织实力。

总体来看，在“工作体验”视角上一致认为内部雇主品牌吸引力要素包括薪酬福利、组织实力、职业发展、工作本身等要素。

第三节　内外部雇主品牌一致性评价

雇主品牌是内外部雇主品牌的统一，良好的雇主品牌内外部建设将在提升内部现有员工敬业度的同时，吸引潜在人才。可以看出，内部和外部雇主品牌吸引力影响要素虽然侧重点不同，但存在一定程度上的重合性，对两者的比较研究对于企业雇主品牌建设意义重大，现有及潜在员工所重视的要素可以帮助企业有针对性地进行雇主品牌传播，提高人才招聘效率以及降低现有人才流失率，并且在雇主品牌传播、现有及潜在人才管理等方面节约成本，从而提升企业人才竞争力。

对内外部雇主品牌吸引力要素的研究以国外为主，研究视角主要分为“雇员”和“雇主”两种，研究对象为现有及潜在员工，“雇员”视角关注员工在企业内的价值预期或价值回报，“雇主”视角关注组织、文化等层面特性对现有及潜在员工的吸引力。

一、“雇员”角度

从“雇员”角度探讨内外部雇主品牌吸引力反映了雇主对现有及潜在员工共同的价值承诺，体现了现有及潜在员工所共同看重的价值，具有代表性的研究成果如表 8 -4 所示。

表 8 -4　从“雇员”角度分析内外部雇主品牌吸引力要素

学者	研究对象	评价要素
Lievens et al.（2007）	潜在员工和现有员工	团队活动、组织环境、晋升机会、薪酬福利、工作保障、带薪休假①
Esra（2012）	土耳其 300 名在职员工和 300 名求职者	社交价值：职业发展机会、晋升机会、重视和赞赏、接受和归属、职业安全感 市场价值：高质量创新产品和服务、消费者导向 经济价值：高于一般水平的工资、良好的薪酬福利 应用价值：员工回馈社会、应用所学传授给他人的机会 合作价值：跨部门工作经验、同事互助 工作环境：有趣、刺激的环境②

利文斯等（2007）的研究成果概括起来可分为社交价值、工作环境、

① Melin E. Employer Branding：Likness and Differences between External and Internal Employer Brand Images［J］. Financial Analysis Journal，2005（196）.

② Esra Alnıaçık，Ümit Alnıaçık. Identifying Dimensions of Attractiveness in Employer Branding：Effects of Age，Gender，and Current Employment Status［J］. Procedia Social and Behavioral Sciences，2012（58）：1336 -1343.

发展价值、经济价值，并且对于潜在员工，四个要素与组织吸引力显著相关，但对于现有员工，社交价值、工作环境与组织认同显著相关，而发展价值、经济价值不相关，总体来看，社交价值和工作环境是内外部雇主品牌吸引力的共同要素。埃斯拉（Esra，2012）的研究相比更为全面具体，他所构建的雇主品牌内外部吸引力模型包含六个要素，其中包括市场价值、应用价值、合作价值，并且证明在职员工比求职者更看重市场价值，经济价值是共同因素，但研究结果与利文斯相悖，这种现象产生的原因可能是样本量存在差距。

二、"雇主"角度

从"雇主"角度探讨内外部雇主品牌吸引力反映了雇员对雇主的品牌感知程度，体现了现有及潜在员工对组织共同的品牌期许。具有代表性的研究成果如表 8－5 所示。

表 8－5　从"雇主"角度分析内外部雇主品牌吸引力要素

学者	研究对象	评价要素
Emma Melin（2005）	在校学生、年轻专家以及在职员工	优秀的领导/管理、创新型的解决方案、强大的企业文化①
Rachael Maxwell & Simon Knox（2009）	体育公司、电视公司、电影公司、IT 公司在职员工以及一所专科学校在读研究生	就业、组织成功、外部形象解读、产品或服务②

梅林（Melin，2005）的研究成果概括起来可分为：管理、创新和文化。麦克斯韦和诺克斯（2009）的研究创新性地将现有员工进一步分类，得出不同性质的组织员工对具有吸引力的组织属性观点明显不同，如电视

① Melin E. Employer Branding：Likness and Differences between External and Internal Employer Brand Images［J］. Financial Analysis Journal，2005（196）.

② Maxwell R，Knox S. Motivating Employees to "Live The Brand"：A Comparative Case Study of Employer Brand Attractiveness within the Firm［J］. Journal of Marketing Management，2009（25）：9－10.

公司认为工作挑战性最重要，IT 公司认为公司的市场地位最重要，体育公司认为长期发展机会最重要，电影公司认为高工资最重要，但组织的重要属性类别是一致的，概括起来包含组织层面、产品层面和就业层面。